親切的、活潑的、趣味的、致用的

實用歷史叢書

遠流出版公司

話術面面觀——80則歷史人物的語言技巧大解讀

作　　者——陳正榮
主　　編——游奇惠
責任編輯——陳穗錚
發 行 人——王榮文
出版發行——遠流出版事業股份有限公司
臺北市10084南昌路2段81號6樓
電話／2392-6899 傳真／2392-6658
郵撥／0189456-1
法律顧問——董安丹律師
著作權顧問——蕭雄淋律師
2011年1月1日　初版一刷
行政院新聞局局版臺業字第1295號
售價新台幣 350 元（缺頁或破損的書，請寄回更換）

ISBN　978-957-32-6739-3
YLib 遠流博識網
http://www.ylib.com　　E-mail:ylib@ylib.com

實用歷史叢書

話術面面觀

80則歷史人物的語言技巧大解讀

《實用歷史叢書》

出版緣起

王榮文

・歷史就是大個案

《實用歷史叢書》的基本概念，就是想把人類歷史當做一個（或無數個）大個案來看待。本來，「個案研究方法」的精神，正是因為相信「智慧不可歸納條陳」，所以要學習者親自接近事實，自行尋找「經驗的教訓」。

經驗到底是教訓還是限制？歷史究竟是啟蒙還是成見？——或者說，歷史經驗有什麼用？可不可用？——一直也就是聚訟紛紜的大疑問，但在我們的「個案」概念下，叢書名稱中的「歷史」，與蘭克（Ranke）名言「歷史學家除了描寫事實『一如其發生之情況』外，再無其他目標」中所指的史學研究活動，大抵是不相涉的。在這裡，我們更接近於把歷史當做人間社會情境體悟的材料，或者說，我們把歷史（或某一組歷史陳述）當做「媒介」。

・從過去了解現在

為什麼要這樣做？因為我們對一切歷史情境（milieu）感到好奇，我們想浸淫在某個時代的思考環境來體會另一個人的限制與突破，因而對現時世界有一種新的想像。

通過了解歷史人物的處境與方案，我們找到了另一種智力上的樂趣，也許化做通俗的例子我們可以問：「如果拿破崙擔任遠東百貨公司總經理，他會怎麼做？」或「如果諸葛亮主持自立報系，他會和兩大報紙持哪一種和與戰的關係？」

從過去了解現在，我們並不真正尋找「重複的歷史」，我們也不尋找絕對的或相對的情境近似性。「歷史個案」的概念，比較接近情境的演練，因為一個成熟的思考者預先暴露在眾多的「經驗」裡，自行發展出一組對應的策略，因而就有了「教育」的功能。

・從現在了解過去

就像費夫爾（L. Febvre）說的，歷史其實是根據活人的需要向死人索求答案，在歷史理解中，現在與過去一向是糾纏不清的。

在這一個圍城之日，史家陳寅恪在倉皇逃死之際，取一巾箱坊本《建炎以來繫年要錄》，抱持誦讀，讀到汴京圍困屈降諸卷，淪城之日，謠言與烽火同時流竄；陳氏取當日身歷目睹之事與史實印證，不覺汗流浹背，覺得生平讀史從無如此親切有味之快感。

觀察並分析我們「現在的景觀」，正是提供我們一種了解過去的視野。歷史做為一種智性活動，也在這裡得到新的可能和活力。

如果我們在新的現時經驗中，取得新的了解過去的基礎，像一位作家寫《商用廿五史》，用企業組織的經驗，重新理解每一個朝代「經營組織」（即朝廷）的任務、使命、環境與對策，竟然就呈現一個新的景觀，證明這條路另有強大的生命力。

我們刻意選擇了《實用歷史叢書》的路，正是因為我們感覺到它的潛力。我們知道，標新並不見得有力量，然而立異卻不見得沒收穫；刻意塑造一個「求異」之路，就是想移動認知的軸心，給我們自己一些異端的空間，因而使歷史閱讀活動增添了親切的、活潑的、趣味的、致用的「新歷史之旅」。

你是一個歷史的嗜讀者或思索者嗎？你是一位專業的或業餘的歷史家嗎？你願意給自己一個偏離正軌的樂趣嗎？請走入這個叢書開放的大門。

前言

《話術面面觀》提供實例，解說歷史人物運用語言信息的技巧。古人用以表態的語言信息，絕對不限於口頭語言；因為口頭語言的運用，或多或少都伴隨著肢體語言、情緒語言和情境語言，這些語言本身就是可以傳遞、接收、組織的信息，當語言信息伴隨著行為決策，為達成目標而被運用時，語言信息就形成了韜略。我們權藉《史記》所述的「鴻門宴」為例，並略加說明。

公元二〇六年，劉邦率先破武關，入咸陽，屯軍霸上。而項羽也一路大破秦軍，駐紮鴻門，屯兵備戰。此時兩軍相距四十里。當時劉備手下的左司馬曹無傷派人向項羽密告：「劉邦已攻破咸陽，企圖稱王於關中。」項羽一聽，大怒，說：「明天用酒食犒勞軍士，準備一舉殲滅劉邦的部隊。」……

第二天，劉邦來見項羽，表明謝罪之意，項王則設宴留劉邦飲酒。項王、項伯坐西向東，范增坐北向南，劉邦坐南向北，張良則坐東向西陪侍著。席間，范增多次向項王使眼色，並舉起佩掛在身的玉玦向項王暗示再三，示意項王殺掉劉邦，而項王卻默不作聲，毫無反應。范增便出去召喚項莊，對他說：「項王不忍殺人。你進去敬酒，然後請求舞劍助興，藉機殺了劉邦，否則你們都將成為他的俘虜。」……項莊便拔劍起舞，項伯見狀，也拔劍起舞，並時常以身體掩護劉邦，使項莊無從下手。（〈項羽本紀〉）

這是一則蘊涵豐富的語言教材，精采可掬。《史記》行文之中，先稱「項羽」，後稱「項王」，已傳達了「情境」遷移的信息。項羽聽完曹無傷的密告，勃然大怒，則是「情緒語言」的直率表達；項伯對項莊的吩咐，當然是「口頭語言」；至於宴中幾位人物的坐向，則是確切的「情境語言」，因為項王坐西向東，已明確凸顯出主人的姿態；而范增以玉玦作暗示，以及項莊舞劍、項伯掩護的動作，則是不折不扣的「肢體語言」。

藉由以上的解讀方式，相信我們透過多元面向的語言信息，仍然可以生動、完整、深入地觀照出歷史事件的另一種風貌。

《話術面面觀》分成四個章節：〈壹．論辯交鋒〉、〈貳．情緒管理〉、〈參．情境設計〉、〈肆．行為決策〉。

全書蒐錄精采的歷史事件、特出的歷史人物，藉由〈論辯交鋒〉解讀歷史人物如何藉由三寸不爛之舌，表現運用口頭語言的絕妙機智。其中，如〈宋玉／攻守兼備〉的故事，表現了語言誇張的極致，尖酸刻薄卻不帶髒字；〈李夫人／以色事人〉的故事，凸顯的是：男權世界中，女人只能以色事人的情境，使用的語言自然是委婉曲折的典型；〈諸葛亮／巧言激將〉的故事，則表現洞悉人心的識見，舌燦蓮花的機智，自然流傳千古。

〈情緒管理〉則以「情緒管理」的觀點解讀歷史事件，充分掌握歷史人物的七情六慾，並藉以釐清歷史情境。情緒是無法單獨存在的，它必然伴隨著人類其他的智能與特質。不論學者專家如何對人類的智能與特質做分類，情緒的表現與管理總是離不開道德實踐、生理需求、理性思考……等項目。人類的情緒與事件互為因果，情緒的產生與轉變，可以對應於事件的產生與轉變；換句話說，人類的情緒直接參與了歷史事件的建構。例如：〈平原君／殺人謝客〉的故事，是捨小愛取大愛的情緒管理，對應於政治則是領導統御；〈楚莊王／絕纓暢飲〉的故事，表現的是豁然大度，為的是收納人心；〈呂太后／哭而不悲〉的故事，是在解析歷史人物表裡不一的虛偽；〈周亞夫／絕食嘔血〉的故事，是情緒管理不當的個案，因為周亞夫不能對時空情境的改變作正確的認知。

〈情境設計〉解讀的是古人的組織謀略。為了解決問題，為了追求理想，所以必須經營謀略，提出有效的決策，必須充分掌握所處的情境信息，並設計出最有利於自我的情境。其中事例，如：〈宋太祖／誓書傳位〉可以提供企業接班的參考；〈孟嘗君／狡兔三窟〉是鞏固資源，擴大利基的情境設計；〈孫臏／減灶欺敵〉是藏強示弱的欺敵布局；〈岳飛／招剿並用〉可以看成是企業併購與打擊對手的韜略。

〈行為決策〉著眼於分析歷史人物的肢體語言，溯論其行為決策、行為目標。畢竟任何國家、企業、組織都不能自外於個人的行為決策；而行為決策十分抽象，形之於具體的表現，往往是個人肢體所傳達出來的信息。其中事例，如：〈齊桓公／足高氣強〉的舉止，正表現出企圖心與意志力；由〈鐵木真／南面而唾〉的故事，可以看出成吉思汗對當時的天下大事早已瞭然在胸，並且具有超人的自信；〈曹操／剪髮自刑〉的故事，顯然就是組織管理、領導統御的韜略。

《話術面面觀》全書八十則事例，分別來自於不同時代的經、史、子、集，而且各自標明出處，以示負責。但是，為了兼顧實用與趣味，為了力求完整與生動，對於事例之素材，必須略加刪裁、綴輯、或增飾，這是要加以說明的。多元面向的語言信息可以權充門鑰，或許能為歷史事件的重重門禁多開幾扇小小的戶牖。如果因而博取「別有會心」的些許認同，於願足矣。

目錄

貳・情緒管理

參・情境設計

肆・行爲決策

話術面面觀

80則歷史人物的語言技巧大解讀

壹・論辯交鋒

01 晏嬰　指桑罵槐

《中庸》：「物有本末，事有終始。」

引子

只要對手犯了程序上的錯誤，就是最佳的攻擊機會。

故事

春秋時代，齊景公派圉人（管養馬、放牧的官）飼養他心愛的馬，馬卻突然暴斃了。景公十分生氣，命人拿刀將圉人分屍。當時晏嬰在跟前陪侍，看到侍衛拿刀，就出聲阻止，並問景公說：「從堯、舜以來，將人分屍是由何人開始下手？」

景公心生恐懼，說道：「從我（國君）開始。」就更改前令，不再分屍；但餘怒未消，吩咐左右將圉人下獄，並處以死刑。

晏嬰說：「如此一來，他還是不知道自己的罪過，不如讓我指出他的罪狀，好讓他甘心下獄受死。」

景公說：「好。」

晏嬰於是開始數落了：「你犯了三條罪狀：國君派你養馬，你卻讓馬暴斃，等於是殺了馬，這是第一條死罪。你殺的又是國君最愛的馬，這是第二條死罪。你竟然讓國君只因為一匹馬就殺人，百姓要是知道了，一定會埋怨；各國諸侯要是聽說了，一定會輕視我們的國君。你殺了國君的愛馬，既使百姓埋怨，又使鄰國削弱我國的實力，這是第三條死罪。你下獄受死吧！」

景公在旁一聽，嘆氣說道：「先生！先生！請釋放他吧！千萬別因此傷害了我的仁德啊！」

（《晏子春秋・內篇・諫上》）

解說

齊景公是平實的國君，但是不免情緒化，所以偶爾失去理性；幸好晏嬰不但能說善道，又有仁義胸懷；既救了圉人一命，又保住了國君的風範。

老子說：「五色令人目盲，五音令人耳聾。」的確！過度溺情於聲色犬馬，將使人迷失本性，甚至喪失理智。

景公愛馬甚於愛人，並不是本性使然，而是後天的情緒作祟，所以晏嬰要做的就是使景公恢復理性。

晏嬰採取的第一個技巧是程序辯證法，並不直接指出圉人不該被分屍，而是巧妙地提醒景公，如要支解圉人，在程序上應由景公自己先動手。晏嬰必然十分了解景公，知道景公下令殺人容易，但自己動手殺人卻為難了。

但情緒易發難收，景公雖然改口不再堅持分屍，卻還是下令將圉人下獄處死。晏嬰雖未竟全功，卻已爭取到充分的時機以施展第二步技巧。這第二步技巧就是指桑罵槐，高明處，至少有幾點值得稱頌：

1.絕不能單刀直入，正面與國君爭得臉紅脖子粗；否則國君盛怒之下，火上加油，後果不堪設想。

2.先順從景公的心意，數落圉人，讓景公毫無防備之心，等於是欲擒故縱。

3.用誇飾的手法，把小事化為大事。一來把馬暴斃渲染成圉人殺馬。二來將事件所可能導致的後果誇大，說它足以使百姓積怨，使鄰國鄙視。

試想一國之君的行為使民心積怨，使鄰國鄙視，他還有什麼威望可言？景公聽到這裡能不投降嗎？

02 孟母　以毒攻毒

《大學》：「是故言悖而出者，亦悖而入。」

引子

你扣我帽子，我就將帽子還你；你貼我標籤，我就將標籤貼回去。這種以毒攻毒的方法，可以對付吹毛求疵，或毒箭傷人的人。因為如果一味退讓，對方就會以為你老實可欺，而得寸進尺。

故事

以下的故事是母子之間的辯論，畢竟道理是越辯越明的，母子之間也是如此。

孟子的妻子獨自一個人在房裡，兩足交錯盤坐著，孟子進房時看到了。

孟子就向母親說：「媳婦不守禮節，請把她休了趕走吧！」

孟母說：「為什麼？」

孟子說：「她兩足交錯盤坐著。」

孟母說：「你怎麼知道？」

孟子說：「我親眼看見的。」

孟母說：「這是你不守禮節，不是媳婦不守禮節。古禮不是這麼說嗎：『入門前，要先問誰在裡面；進廳堂之前，要提高聲音；進入房間之前，眼睛一定要往下看。』就是怕他人沒有預備好啊！如今你到了人家平常休息的房間，事先也不出聲音，才被你撞見她盤腿坐著。可見是你不守禮節，不是媳婦不守禮節。」

孟子聽了，十分自責，當然不敢趕走他的媳婦。（《韓詩外傳・卷九》）

解說

孟母三遷的故事，大家都耳熟能詳。而《三字經》當中「子不學，斷機杼」的句子，更是家絃戶誦，這也是孟母教子的故事。可見孟母是一位通情達理、教子嚴謹的賢母。

孟子想「休妻」，理由是「不守禮節」，而孟母的反駁，正好也是指孟子「不守禮節」，這就是「以毒攻毒」，只是毒箭不是射向孟母，而是射向媳婦，孟母卻能仗義直言，斥責孟子。

從這則故事，我們可以看出孟母的說話技巧：

1. 層分縷析，問明事情的原委之後才表示意見。
2. 有豐富的學識作基礎，才能引經據典，說得兒子慚愧自責。
3. 愛兒子卻更愛真理。

亞聖孟子的道德學問，一如高山大海。周遊列國的時候，又雄辯滔滔，原來是家學淵源呢！

03 優孟　欲擒故縱

《老子・三十六章》：「將欲歙之，必固張之；將欲弱之，必固強之；將欲廢之，必固舉之；將欲奪之，必固與之。」

引子

孫子稱用兵是詭變之道，必須奇正互用。諸葛亮對付孟獲，七擒七縱，才真正平服南蠻。戲法人人會變，只是巧妙各有不同。說話有時就像用兵，有時就像變戲法；為了達到目的，常須變換手段，或指桑罵槐、聲東擊西，或以退為進、欲擒故縱。

所謂欲擒故縱的辯證法，是在掌握對方弱點之後，不急於表明，卻先迎合對方或讚揚對方；等到對方毫無防備之後，再揮戈直搗黃龍。

像秦始皇一度想擴大飼養禽獸的園林，計畫將東到函谷關、西到陳倉的土地都劃入。當時有個臣子優旃說：「很好啊！多養一些禽獸，如果敵人從東方來侵犯我們，讓麋鹿去頂他們就夠了。」

這種欲擒故縱的辯證法，通常用在對方不設防的情況下，又常與諷刺法交替出現。

故事

優孟，是先秦時楚國的倡優（演藝人員）。身高八尺，擅長辯論，常以詼諧的方式來進行諷諭、勸諫。

楚莊王有匹愛馬，平常穿著華麗的衣物，養在豪華的房舍之中，鋪蓆子讓牠睡，餵牠吃棗乾，結果馬因為太胖病死了。楚王竟然要群臣為他的愛馬服喪，並以大夫的喪禮來埋葬。左右大臣紛紛勸諫，認為不能這麼做。楚王就下令說：「對葬馬的事，要是有人敢勸諫，我就判他死罪。」優孟一聽到這件事，進了宮殿，抬頭望天，出聲大哭。

楚莊王很驚訝地問他緣故。

優孟說：「這匹馬是大王所鍾愛的啊！憑我們堂堂的楚國，哪有什麼事情會辦不到？現在竟然只用葬大夫的喪禮來埋葬牠，實在是太簡陋了，所以我建議採用埋葬國君的禮儀來埋葬牠。」

楚莊王說：「怎麼做呢？」

優孟說：「我建議用雕琢精美的寶玉作內棺，用材質最好的文梓作外棺，用楩、楓、豫章等珍貴木材作棺材前的裝飾品；然後派部隊去挖墓道，派百姓來挑土，不管老人還是弱者，都要來幫忙。並找齊國、趙國的國君來觀禮，找韓國、衛國的國君來送喪。為牠蓋個廟，劃出一萬戶的地方來供奉牠，按時以五牲之禮祭拜。各國諸侯要是聽到這件事，都會知道大王看輕人民而鍾愛馬匹。」

楚莊王一聽，頗為惶恐，說道：「我的過失竟然這麼嚴重嗎？這下怎麼辦呢？」

優孟說：「我建議大王將牠比照牛、羊、豬、狗等六畜來埋葬。用爐灶作外棺，用銅鍋作內棺，用薑、棗來陪葬，用木蘭作乾柴，用五穀來祭祀，用火光作覆蓋的衣物，將牠埋葬在人的肚腸裡（煮來吃掉）。」

楚莊王於是將死馬交給御膳房的主管去處理。（《史記・滑稽列傳》）

解說

就這一則故事而言，優孟的確滑稽透頂，而其使用的談話技巧則是：

1. 配合肢體語言。用誇張的態度吸引楚王的注意，並讓楚王主動發問。這一點很重要，因為絕不能冒險觸犯楚王所頒布的死罪禁令。

2. 運用誇飾的層遞法。話越說越遠，越說越荒誕，使楚王懸在半空中，進退不得，然後急轉直下，告訴楚王「輕人重馬」，使楚王不得不俯首就擒。

3. 提供善後處理之道。不能讓楚王認為優孟只為諷刺而來，卻不是有心想解決問題。

04 宋玉　攻守兼備

李紳〈紅蕉花〉：「紅蕉花樣炎方識，瘴水溪邊色最深，葉滿叢深殷似火，不唯燒眼更燒心。」

引子

文人寫作，善用誇飾，甚至以「語不驚人死不休」為目標。而誇飾之目的，在於突顯感受，往往字句不必繁複，就能達到深刻的效果。像毛澤東描寫山之高大，只用了十六個字：「山，快馬加鞭未下鞍，驚回首，離天三尺三。」（十六字令）

此外，我們不妨再欣賞一下李白、杜牧善用誇飾的文例。李白〈蜀道難〉一詩，寫山之高峻連緜，用的是「連峰去天不盈尺」，比毛澤東誇張得多。寫迂迴曲折，用的是「百步九折縈巖巒」，寫久無人跡，則用「爾來四萬八千歲，不與秦塞通人煙」，寫其險要，則用「一夫當關，萬夫莫開」，蜀道之難以登臨，已經不言可喻，而且令人印象深刻。

而杜牧〈阿房宮賦〉，寫秦始皇之窮奢極侈，也是難得的佳作。「覆壓三百餘里，隔離天日」寫出了宮殿之規模，建築之高聳。「五步一樓，十步一閣」寫出了樓閣之多。「一日之內，一宮之間，而氣候不齊」更誇飾出宮殿之遼闊。

文字之誇飾，運用得當，效果自然顯著，甚至可以令人迴腸盪氣，哀轉九絕。但是對話比起文字更易產生誇飾的效用，畢竟語言常伴隨著眼神、表情、動作，加上聲調、音色、節奏的運用，要動人肺腑，甚至使人三月不思肉味，應該比文字更容易達成。

故事

有位大夫，人稱登徒子，侍候楚王時藉機詆毀宋玉：「宋玉體態美好，口齒伶俐，但本性好色，希望大王不要讓他伴隨著出入後宮。」

楚王就拿登徒子的話質問宋玉，宋玉說道：「體態美好，是天生的；口齒伶俐，是向老師學來的；至於好色，臣子絕無此癖。」

楚王說：「你說你不好色，是否能說明一番呢？能說明就算了，否則就退下罷！」

宋玉說：「說到天下的美人，其實都不如楚國的美人，楚國的美人，都不如臣子同鄉里的美人，而臣子同鄉里的美人，又都不如臣子東鄰的姑娘。這位東鄰的姑娘，要是多長高一分就嫌太高，少長高一分就嫌太矮，而且天生麗質，搽白粉則嫌太白，塗紅妝則嫌太紅，眉如翠羽，肌如白雪，腰身柔嫩一如素絹，牙齒潔白一如螺貝，只要嫣然一笑，就可以迷倒陽城、下蔡的所有王孫公子。但是，這位姑娘時常攀上牆頭偷窺我，而且持續三年之久，到現在我都還沒理她呢！說到登徒子就大不相同了，他老婆蓬頭卷耳，血盆大口又滿嘴暴牙，走起路彎腰駝背，皮膚長滿疥子又有痔瘡，登徒子卻非常喜歡她，還跟她生了五個孩子。大王請明察，到底是誰好色？」（宋玉〈登徒子好色賦〉）

解說

宋玉果然伶牙俐齒，卻也缺德到家。試想，如果宋玉一邊描述美人、醜婦時，還能一邊加上動作、聲調、音色、表情，保證楚王先是神魂顛倒，然後又噁心作嘔。這簡直是典型的無所不用其極的誇飾法。而這段故事，有幾個關鍵可以特別留意：

1. 誇飾法不只是修辭技巧，而且是攻守兼備的武器。
2. 誇飾美人之美態，是透過層遞的技巧達成的，所以宋玉才會不厭其煩地由天下美女說到楚國再說到東鄰，而這種技巧更足以吊盡楚王的胃口。

3. 先使一美一醜做強烈的對比，再藉以反襯出自己與登徒子之間的迥然不同。

4. 表明自己不好色，只是消極的守禦，反咬一口才是最佳的攻擊。

宋玉這一番辯解，固然技巧高明，正中要害；但痛快淋漓之餘，畢竟已經罵到了人家的老婆，還真令人於心不忍呢！

05

李夫人　以色事人

古詩：「北方有佳人，絕世而獨立，一顧傾人城，再顧傾人國，寧不知傾城與傾國，佳人難再得。」

引子

以色事人，最怕色衰愛弛，無奈歲月無情，紅顏苦短。所以良機當前，必須委婉事之，曲意求歡。

漢王四年（公元前二〇三年），劉邦在河南成皋召見久未相會的薄姬。談敘之間，薄姬說：「臣妾昨夜夢見有龍伏據妾胸。」語意委婉，卻具有強烈之暗示，曲意求歡之情溢於言表。漢王劉邦笑著說道：「這是富貴之兆，朕就成全此事吧！」於是就同床共寢，薄姬也因此受孕，當年即生下劉恆，就是後來的漢文帝。

不管薄姬之言是真是假，她已造就了以色事人的婉曲典型。此外，且看漢武帝時李夫人的表現。

故事

漢武帝曾經深深寵愛的李夫人，以歌妓的身分入宮，雖然出身寒微，卻有傾國之貌，更重要的是她懂得如何曲意事君，懂得如何維護她在武帝心目中的絕佳形象。

李夫人病重時，武帝前往探視，李夫人卻用被子蒙住臉龐，語意之中深帶歉疚地說：

「妾身長久臥病，容貌已毀，見不得皇上，只希望將昌邑王（李夫人之子劉髆）及妾之兄弟託付皇上。」

武帝說：

「夫人病重，恐怕一病不起，先見我一面再將他們託付於我，這樣不是更好？」

李夫人幽怨地回答說：

「婦人容貌未加修飾，不能見君父，妾身實在不敢以這種邋遢的樣子見皇上。」

武帝央求地說：

「夫人只要見我一面，我會加賜千金，並且封賞夫人的兄弟高官。」

李夫人語氣一轉，由幽怨變得哀慟：

「賜不賜高官全繫於皇上，不在於一見與否。」

武帝這時又再度要求，李夫人卻轉過身子，在被中哭泣，不再言語。於是武帝也怏怏然地離開了。

李夫人的姊姊就在身旁，忍不住責備她說：

「妳怎麼偏偏這麼執拗？難道不能先見上皇上一面，再將兒子、兄弟之事託付皇上？為何如此無情呢？」

李夫人答道：

「我之所以不想見皇上，就是為了使託付更有效啊！我因容貌姣好，所以才能以貧賤之身受皇上寵愛。我知道以色事人，一旦色衰則愛弛，愛弛則恩絕。皇上對我深深眷戀，就是因為我平時的容貌。現在我久病色衰，一旦被看到，一定會被嫌棄，屆時皇上怎可能因追念、憐憫我而照顧我的兄弟呢？」

李夫人死後，武帝以皇后之禮儀將她安葬，而其兄弟李廣利被封為貳師將軍、海西侯，另一位兄長李延年則受封為協律都尉。（《漢書．卷九十七上》）

解說

由以上故事可知：

1. 李夫人深切體悟她與皇帝之間的關係，絕對不同於一般夫妻，所以她不是絕情，而是堅忍、婉曲。
2. 李夫人深切了解她的容貌與兄弟富貴之間的因果關係，所以不敢恃寵而驕，冒險抽去受寵的憑藉。
3. 態度的堅持，對話之中語氣的轉換，更容易加深武帝日後對她的思念，進而榮寵她的兄弟。

果然在李夫人去世之後，武帝追念不已，甚至可說是魂牽夢縈。剛好有個道士自稱能召還李夫人之魂魄，武帝於是命他作法。隔著帷帳，遠遠張望，武帝恍惚之間似乎真的見到了李夫人，不覺觸發相思之情，吟出了千古名句：「是耶？非耶？立而望之，偏何姍姍其來遲！」

06 陳子昂 故布疑陣

俗諺：「老王賣瓜，自賣自誇。」

引子

推銷自己，才能一展抱負，其中方法很多；像毛遂自薦、託人情、拉裙帶等都是，但總得先製造機會才行。而所謂製造機會，就是引人注目，當然最好是萬眾矚目了。

唐朝詩人陳子昂就曾用了一個絕招，先是在最熱鬧的市集之中，故作驚人的豪舉，布下疑陣，然後在眾人懸疑、盼望之下再推銷自己。

故事

陳子昂初到京城，沒沒無名。當時市集上有人在賣胡琴，價值百萬。一時之間，達官貴人，豪門巨室，輪流傳看，沒有人敢表示意見。

這時，陳子昂突然現身，回頭對僕人說：「買下來！」

大家一陣驚呼，便問陳子昂何故。

陳子昂說：「我精通胡琴。」

大家又問：「能演奏給我們聽嗎？」

陳子昂說：「明天我在宣陽里為各位設宴！」

大家如期前往，一到，發現酒宴已擺好，胡琴就擺在前頭。

宴會一完，陳子昂卻未彈奏，捧起胡琴，說道：「我是蜀人陳子昂，作了百卷文章，奔走在京城之中，風塵僕僕，竟然沒沒無名。這胡琴不過是卑賤的樂工所彈奏的，哪值得花精神呢？」

說完，舉起胡琴，一把摔碎。然後將文章分贈與會的人。

不過才一天的功夫，陳子昂就已經揚名京都了。（《全唐詩話》引《獨異記》）

解說

據說有個導遊帶團到北京，在參觀北海時，導遊指著九龍壁說：「我想大家眼力都非常好，但你們能看出哪條龍身上有一塊琉璃是假的嗎？時間限兩分鐘。」

話沒說完，遊客就七嘴八舌地亂指瞎說，卻任誰也沒把握。在大家被吊足胃口之後，導遊才指著一條白龍的腹下說：「就是那塊。」（參考蕭沛雄《口才要術》）

導遊這下子抓住了群眾心理，就可以盡興介紹九龍壁的歷史和周邊的建築藝術了。

陳子昂也是一樣，一個沒沒無聞的年輕人，想一舉成名，就非做出驚人之舉不可。但請勿忽視，他至少有三個條件可以成功地推銷自己：

1. 文才典贍，早已備妥佳作百卷。
2. 腰纏萬貫，才買得起價值百萬的道具——胡琴。
3. 膽識過人，才敢撒下大謊，說自己精通胡琴。

所以想推銷自己，切記要先掂掂自己的斤兩，看看時機，再選擇方法。

07 諸葛亮　巧言激將

《老子．七十八章》：「正言若反。」
臺灣俗諺：「輸人不輸陣，輸陣歹看面。」

引子

人都是有自尊心的，當自尊心因故受挫，用其他方法不能使他振作時，可以試試激將法。或者，在某些特定條件之下，要一個人做他向來不願做的事，那就得掌握對方心理的弱點，挑戰他的自尊心，以使他就範，這也是激將法。

故事

三國劉備，在受曹魏逼迫之後，退駐夏口。孔明（諸葛亮字孔明）說：「情勢緊急，請讓我受命向孫將軍（權）求救。」

當時孫權屯駐柴桑，袖手旁觀。孔明一到就游說：「現在天下大亂。將軍您在江東起兵，劉豫州（備）在漢南整軍，與曹操並爭天下。如今曹操在平定黃巾賊等亂事之後，攻破了荊州，威震四海。劉豫州英雄無用武之地，所以逃到夏口。將軍不妨估量自己的實力，如果可能，應該以吳、越一帶轄下的兵力與曹操抗衡；早日擺明態度，與他決裂。否則乾脆將軍事裝備都收起來，對曹操俯首稱臣算了！將軍您一方面在外表上假裝順從，一方面內心又猶豫不定，根本不是辦法。如今情勢緊急，卻不能當機立斷，恐怕大禍已迫在眉睫了。」

孫權說：「事情如果像你講得一樣，劉豫州為何不乾脆投降算了？」

孔明說：「當年田橫，是齊國壯士，都還能秉持正義，不肯屈辱以對抗秦國。何況劉豫州是漢朝王室的後裔，英才蓋世，眾所仰慕，人心歸向，就如同水之歸海一般；所以即使不能完成建國大業，也是天意，又怎可投降稱臣呢？」

孫權一聽，勃然大怒：「我不能讓整個東吳及十萬群眾受制於人，我決定一戰！我想如果沒有劉豫州，天下將無人可以抵擋曹操，但是劉豫州才剛挫敗，又怎能對抗曹操？」

孔明說：「劉豫州雖然才剛挫敗，但是生還的戰士以及關羽率領的精良水兵，有萬人之多；友軍劉琦在江夏一帶的戰士也有上萬人。再說曹操的部隊，長途跋涉，必定疲憊；聽說追趕劉豫州時，急行軍在一天一夜之內就趕了三百多里，在這種情況下，根本就是強弩之末，連魯國所產的薄白布都射不穿的。在兵法上是個大忌，必然折損大將。而且曹操的部隊是北方人，不通水性；在荊州召募的部隊，原本是劉豫州轄下的民眾，由於情勢所逼，才會投靠曹操，根本不是心甘情願的。如果將軍真能夠派猛將統率數萬兵員，與劉豫州同心協力，必定可以攻破曹操。曹操一敗，一定會回到北方；這麼一來，南方吳、楚一帶勢力強大，天下就可以鼎足而立（由曹、孫、劉三分天下）。成敗的關鍵，就是現在了。」

孫權聽得高興，就派周瑜、程普、魯肅等人率水軍三萬，隨孔明去拜見劉備，合力對抗曹操。（《三國志・蜀書・諸葛亮傳》）

解說

孫權當時的心理狀態是一方面想據地稱王，一方面又沒什麼把握，所以孔明的激將法才使得上力。這種心理狀態就是使用激將法的特定條件。

而孔明在此連用了三次激將法：

1. 要孫權乾脆收拾軍備，俯首稱臣。

2.田横只不過是齊國的壯士，都敢仗義不屈，你孫權卻連他都不如。

3.劉備敢做，你孫權卻不敢，你比劉備差多了。這麼一來，孫權怎能不勃然大怒？怎能不脫口說出「主意已定，不願臣服」的話來？

孔明談話的高明處，其實不只在掌握孫權的心理狀態而已。他這番談話至少還有下列幾點值得頌揚：

1.推論事理極為精準，預測結局，合乎邏輯。像曹操部隊號稱百萬，但一來是北方人，不習水戰；二來遠來疲憊，根本是強弩之末；第三則是部分部隊為劉備舊屬，駕馭困難。孫權在情緒被挑起之後，早晚會平靜下來，以理智思考，如果不是這番話，難保他不會出爾反爾。

2.替劉備預留餘地，告訴孫權將來天下必然是三強鼎立。否則孔明只是幫孫權而不是幫劉備了。

08

叔孫通　察言觀色

《論語・季氏》：「子曰：『未見顏色而言謂之瞽。』」

俗諺：「留得青山在，不怕沒柴燒。」

引子

歷史上多的是喜怒無常，或不近人情的國君，以春秋時的衛靈公為例吧！衛靈公非常寵愛彌子瑕，有次彌子瑕的母親生病，彌子瑕就偷偷駕著靈公的車子回去探望。依當時衛國的法令，彌子瑕應當被處以削足的刖刑，但靈公寵幸他，卻說：「真是孝順啊！為了探望母親的病情，竟然忘了會被削足的罪。」又有一次，彌子瑕陪侍國君遊覽果園，吃了一口桃子，覺得味道甘美，就將剩餘的桃子遞給靈公吃。靈公說：「真是愛我啊！會拿好東西與我分享。」

可是好景不常，後來彌子瑕失寵，得罪了衛靈公，靈公就說：「這傢伙曾經偷駕我的車子，又曾拿咬過的桃子給我吃。」

面對這種國君，談話時如果不能察言觀色，隨時保持高度的警戒心，身家性命早就不保了。

故事

叔孫通是薛縣人，在秦朝時，因「文學」優異而被徵召，擔任「待詔博士」。不到幾年，陳勝在山東起義，秦二世皇帝聽了使者奏報之後，就召集博士及儒生，向他們問道：「楚國的一些罪犯、逃兵攻佔了『蘄』地，又已進入『陳』地，各位認為如何呢？」

博士及儒生三十餘人上前進奏說：「一般人不能帶兵，帶兵就是造反，要判死罪，請陛下趕緊派兵剿滅。」

二世皇帝一聽，大怒，變了臉色。

這時叔孫通急忙上前奏報：「這些儒生說錯了！現在天下歸於一統，各地的郡縣城池都被破壞了，兵器也銷毀了；表明天下早已不再用兵。何況如今上有英明的君主，下有完備的法令，人人盡其職責，四方太平無事，哪有人敢造反？那些搗蛋的人只是一群『鼠輩狗賊』罷了，何足掛齒？地方官就可加以逮捕論罪的事，何必擔憂呢？」

二世皇帝一聽，很高興地說：「好！」然後對這些儒生一個個加以詢問，有的回答說是造反，有的說是竊賊。問完，二世皇帝就命令御史將認為是造反的儒生下獄治罪。說是竊賊的，則統統釋放。並賞賜叔孫通二十匹絹帛，一襲衣裳，還封他為「博士」。

叔孫通出了宮門，一回去，儒生們就對他說：「先生為何那麼諂媚呢？」叔孫通說：「各位不懂啊！我幾乎不能從虎口脫身呢！」於是開始逃亡，回到了故鄉薛縣，薛縣卻早已投靠楚軍了。（《史記・劉敬叔孫通列傳》）

解說

世上只有兩種學問，一是讀書，一是看人；那些儒生是讀死書，叔孫通則是看活人。從以上的故事看來，叔孫通是在說謊，而且撒了個大謊，但這正是叔孫通談話高明的地方。因為：

1. 他懂得察言觀色：在其他儒生奏報之後，二世皇帝臉色大變，叔孫通心中已有警覺。
2. 他懂得隨機應變：先迎合皇帝，說他英明，再隱瞞事實，撒下謊言，以保全性命。

所以，為了留得青山在，誰說不能撒謊？

09 子貢 撩狼鬥虎

《鬼谷子・謀篇》：「故說人主者，必與之言奇；說人臣者，必與之言私。」

引子

春秋時齊國田常有叛亂之心，但是擔心國內大臣作梗，於是想出兵攻魯，以轉移他人之注意。當時孔子的弟子子貢（端木賜）請求游說諸侯以弭平戰爭，在孔子允許之下，穿梭各國，竟然改變了當時的政治生態。

故事

子貢到了齊國，游說田常說：「先生要攻打魯國，是不對的。魯國是難以攻伐的國家，它的城牆又薄又矮，土地又窄又低，國君愚昧不仁，大臣虛偽無能，士民又厭惡戰爭，這種國家不能與它作戰。先生不如去攻打吳國，吳國的城牆又厚又高，土地又寬又廣，武器裝備既新又好，士兵精良強壯，有重器精兵又有賢明的大夫，比較容易攻打。」

田常十分生氣地說：「你認為困難的卻是別人認為容易的，你認為容易的卻是他人認為困難的，你為什麼會這麼說呢？」

子貢就繼續說：「憂患來自國內，就得去攻擊強國，憂患來自國外，就得先攻擊弱國，而先生所憂慮的正是國內之事……你如果攻佔魯國，只會使齊君更加驕傲，使齊國大臣更加尊貴，因為他們會從中作梗，削奪你的功勞。所以先生不如去攻伐吳國，如果伐吳不勝，人民會死在國外，國內的大臣就無所憑藉，如此一來先生既沒有強臣作梗，也沒有人民反對，便可以孤立齊君而掌控齊國了。」

田常聽了大加讚賞，說道：「好是好，可是我已經將部隊調往魯國，如果改調吳國，不是會被懷疑嗎？」

子貢說：「先生暫時按兵不動，我先出使吳國，讓吳國出兵救魯，先生再出兵迎擊。」

於是子貢就轉往吳國，游說吳王。

他對吳王說：「現在擁有萬乘兵力的齊國正圖謀侵略只擁有千乘兵力的魯國，然後想與吳國爭霸，我實在為大王擔心。而且救魯國會有顯赫的名聲，攻伐齊國則會有大利。屆時吳國就可以掌握泗上一帶的諸侯，剷除齊國，平服晉國，實在是利莫大焉。」

吳王聽了十分高興，但又怕死敵越國從旁窺伺。於是子貢就自告奮勇，為吳王去游說越王。

子貢對越王（句踐）說：「我游說吳王伐齊救魯，但吳王卻想先攻掠越國……大王不妨派士兵去幫吳王，以鬆懈他對貴國的敵意，再送珍寶去取悅吳王，暫時保持低姿態，那麼吳王一定會去攻打齊國。吳王如果打敗，對越國十分有利；如果戰勝，也必然會移兵攻晉。我願意為大王出使晉國，讓晉國出兵援助，屆時就可以削弱吳國了。」

越王為子貢送行，子貢先回到吳國，向吳王說明越國願意充分配合，於是吳王就發動九個郡的兵力去攻擊齊國。

子貢離開吳國之後，來到晉國，撩撥晉君，說吳王伐齊之後必然移師攻晉，於是晉君就整頓軍隊，隨時待戰。

接著，子貢回到魯國。不久，吳王果真與齊軍大戰於艾陵，大破齊軍，然後移兵晉國，在黃池與晉軍爭戰，結果吳軍大敗。這時越王則趁虛而入，渡江攻吳，吳王只好率軍而回，與越軍大戰於五湖，但連戰皆敗，越軍於是包圍王宮，殺了吳王（夫差），然後東向稱霸。（《史記・仲尼弟子列傳》）

解說

司馬遷說：「子貢一出使，既保存了魯國，又亂齊、破吳，強晉而霸越……十年之中，五國之勢力，各有變化。」足見子貢口舌之利、言辯之精。而其技巧在於：

1. 充分掌握各國之國情與其間的利害矛盾。
2. 先用正言若反的辯證法攻破齊國田常的心防，然後再誘以大利，使他放棄對魯國的野心。
3. 用投人所好的游說法撩起吳王稱霸的野心，再詐稱為吳王去除越國窺伺的疑慮。
4. 離間吳、晉之關係，使二國勢同水火。
5. 讓越國扮演「鷸蚌相爭，漁翁得利」的漁翁。
6. 撩撥野狼攻擊猛虎，使天下大亂，但終究未曾影響保全魯國的初衷。

10

燭之武　移花接木

三十六計：「移屍嫁禍。」

引子

在受圍攻的時候，為求自保，必須製造敵方聯線上的矛盾。而運用這種方法，最常見的是外交場合；馳騁巧妙的外交辭令，使甲花接在乙木上，豈不妙哉？

故事

晉文公、秦穆公聯合圍攻鄭國。理由是對晉國無禮（拒絕收留曾經流亡在外的晉文公），而且親近楚國，違背了與秦、晉等國所立下的盟約。

當時晉軍屯駐在函陵，秦軍駐紮在氾南，情況十分緊急。鄭國的大夫佚之狐向鄭文公說：「國家發生危險了！大王如能派燭之武去見秦穆公，敵軍一定會撤退。」

鄭文公聽了他的話，就去請燭之武，燭之武卻推辭：「當我年輕力壯時，受重用的程度都比不上他人；如今老了，無能為力囉！」

鄭文公說：「我早先沒有重用你，如今事態緊急才來請求你，這是寡人的罪過。但是一旦鄭國滅亡了，對先生也不利啊！」

燭之武就答應了。到了晚上，偷偷地用繩索垂吊到城外去。

燭之武見了秦穆公，說道：「秦、晉二國圍攻鄭國，我們鄭國自知要滅亡了。如果鄭國滅亡對貴國有利的話，還值得大王勞師動眾。但是大王必須越過晉國才能將鄭國納入邊境；秦國離鄭國路途遙遠，中間又隔了個晉國，大王必然知道是不容易的事。這麼一來，大王何必滅掉鄭國來圖利晉國呢？晉國一旦壯大了，秦國不就顯得弱小了？如果大王願捨棄攻打鄭國的念頭，以後秦國的使者如果經過此地，鄭國還能提供一切必要的補給，以盡地主之誼，這對大王沒有什麼不利啊！再說大王幫助過晉國國君，晉君曾經答應奉獻焦、瑕兩塊地以表示謝意。誰知一早渡過了黃河，晚上就已經築起牆版來防禦貴國了。這是大王所知道的啊！再說晉國怎麼可能就此滿足？一旦將鄭國納入版圖，一定又想要擴充西邊的領土（與秦接壤），如不侵害貴國，怎麼辦得到呢？

這一切都將損害貴國而圖利於晉國，請大王明察！」

秦穆公聽了很高興，就派杞子、逢孫、楊孫三人帶兵為鄭國防守，然後返國。

晉國的大夫子犯請晉文公下令攻擊，晉文公說：「不行！當初如果不是秦穆公出力幫忙，我也不能回國登基。靠了別人的力量，再去傷害他，這是不仁；一旦出兵，就失去了盟國，這是不智；本來同心協力，卻變得分裂，這是不武。我們回去吧！」也帶兵返國了。（《左傳・僖公三十年》）

解說

這是一則「弱國外交」成功的典範，當然得歸功於燭之武出神入化的外交辭令，而其中最主要的技巧就是移花接木的栽贓法。

這個方法，燭之武連用二次：

第一次是向秦穆公說：「晉國曾經答應奉獻焦、瑕兩塊地，但一早渡過黃河，晚上就築起牆版以防禦秦國。」其實這是晉國前任國君晉惠公的事，燭之武卻將這筆帳算到現任國君晉文公的頭上。

第二次是向秦穆公說：「晉國想擴充西邊國境的領土。」其實這只是假設，加上以前晉惠公的帳（惠公曾趁秦國發生糧荒時侵犯秦國），卻被移花接木，栽贓給晉文公。

除此之外，燭之武談話的高明處，還有下列幾點：

1. 先試探鄭文公請他出馬的誠意。
2. 深知秦、晉二國間的背景與關係，更深知秦穆公的為人；所以只講利害關係，而不談論道德仁義。
3. 不但說服秦國退兵，還讓秦穆公自動派兵為鄭國防守。

11 管仲　打鐵趁熱

俗諺說：「打蛇隨棍上。」

引子

作戰要乘勝追擊，打蛇要隨棍追上，不達目的絕不終止。

既然逮到機會，就得充分利用；說是「得寸進尺」也好，說是「軟土深掘」也罷，反正利益是多多益善的。

與人談話，既然一試成功，當然要打鐵趁熱，步步進逼；不論是反駁、試探、要求，或是勸諫。

當初馮諼投靠孟嘗君，因為既無顯赫的名聲，又不曾表現才華，所以孟嘗君比照最下等的門客，以最粗疏的食物來收留他、招待他。

過了一陣子，馮諼就故作姿態，彈起劍鋏，抱怨他沒有魚可以吃。這是初步的試探，結果成功了，孟嘗君下令供應他魚。

接著，馮諼抱怨出門沒有車子，孟嘗君又供應他車子。馮諼還不滿足，又進一步試探，抱怨家裡的老母無人照顧。幸好孟嘗君心胸寬大，又供養了他的老母。

馮諼試探孟嘗君，用的就是「打鐵趁熱」的進逼法。

故事

齊桓公不計較管仲曾經幫助公子糾與自己為敵，又接受了鮑叔牙的推薦，任命管仲為宰相。

管仲說：「我已經受大王寵幸了，但是地位還是卑賤。」

桓公說：「我將你的地位提升到高、國二氏之上吧！」

管仲說：「我地位很高了，但是我還是貧窮。」

桓公說：「我把三歸這地方賞賜給你吧！」

管仲說：「我有財富了，但我還是覺得與大王關係疏遠。」

桓公就尊稱他為「仲父」。（《韓非子・難一》）

解說

管仲的確是歷史上不可多得的人才，不但善於政治，曾經九度召開諸侯會議，又一度匡正天下；且善於言談，絕不放過任何機會。

其實管仲這一連串的要求，至少有兩個作用：

1. 試探桓公是否真能不記仇，是否真有容人的雅量，是否真有重用他的決心。

2. 為了治理齊國的實際需要。管仲身為宰相，地位如果低於國內國氏、高氏兩個貴族，他怎麼推行他的政治措施？再說，地位與財富應該成正比，否則如何招架富人的銀彈攻勢？另外，雖然宰相有地位、有財富，但國君卻疏遠他，這種宰相辦起事來會順利嗎？

但是，「打鐵趁熱」雖然是一種高明的談話技巧，運用時卻還得考慮下列因素：

1. 對象的忍受極限。

2. 時機是否成熟。

3. 對方接受了要求，我方是否能夠善後。

12 藺相如　手握王牌

蘇洵〈心術〉：「善用兵者，使之無所顧，有所恃。」

引子

手中握有王牌，賭注才敢下得大，也才能贏得多。辯論的時候也是如此，這張王牌就是對方想要卻要不到的，或者是對方的最大弱點；將它牢牢握住，你就可以有恃無恐，暢所欲言，盡力脅迫對方就範。

故事

有名的和氏璧落在趙國手中，引起秦國覬覦。秦王寫信告訴趙王，說願以十五座城池交換和氏璧。趙國不敢不答應，就派藺相如帶著和氏璧到秦國。

相如來到秦國以後，秦王在章臺接見他。相如進奉和氏璧，秦王大喜，就傳給美人及左右近臣觀賞，左右近臣都大喊萬歲。

相如看秦王根本不想用城池交換和氏璧，就上前說：「璧玉有點瑕疵，我指給大王看！」

秦王將和氏璧交給藺相如，相如拿過和氏璧，就退身、站立，靠著柱子，怒髮衝冠，對秦王說：「大王想要和氏璧，派人送信給趙王；趙王就召集群臣商議，群臣均表示：『秦國貪婪，自恃強大，說要和氏璧，只是空口說白話，不可能拿城池來交換的。』所以決議不肯交出和氏璧。而我則認為一般平民相交往，都不至於彼此欺騙，何況秦是大國！再說趙國也不願為了一塊玉璧而違逆強大的秦國啊！所以趙王就齋戒了五天，才派我帶和氏璧，並恭敬地送給大王。為什麼這麼慎重呢？是忌憚大國的威望並表示誠意啊！如今我來到這裡，大王接見我，態度傲慢；一拿到璧玉就傳給美人觀賞，等於是在戲弄我。我看大王根本不想付出十五座城池，所以才取回玉璧。大王如果逼迫我，我寧可不顧性命撞碎和氏璧。」

說完，相如就拿起玉璧朝著柱子，想去撞擊。

秦王怕他真的撞破玉璧，就向他道歉，並召喚官員查地圖，指著某處，表示從某處到某處十五個都城都要給趙國。

相如心想秦王只是騙他要割讓城池，其實根本沒有誠意，就對秦王說：「和氏璧是天下公認的寶物，趙王怕得罪貴國，不敢不奉獻，所以趙王齋戒五天才要我送來。現在也請大王齋戒五天，並邀各國使節公證，我才敢將和氏璧奉上。」

秦王心想終究不能強奪和氏璧，就答應齋戒五天，並讓相如住在廣成傳舍（招待所）。相如認為秦王表面上表示要齋戒五天，但絕對不會依約割讓城池，就要隨從人員換上粗布衣以避人耳目，然後帶著和氏璧抄小路回趙國。（《史記．廉頗藺相如列傳》）

解說

藺相如手中的王牌就是和氏璧。相如看出秦王傳和氏璧給美人及群臣觀賞的炫耀心態，知道秦王得不到和氏璧是不甘心的，所以趕緊將和氏璧騙回來，緊緊抱著。

它既是王牌，又是秦王的弱點，握有它，相如就能有恃無恐、暢所欲言。秦王也因此百般受挫，從受言辭教訓、手指地圖，到答應齋戒，步步受制於人。

13 公孫龍　以牙還牙

俗諺：「以牙還牙，以眼還眼。」

引子

純粹的辯論會，最忌諱的就是人身攻擊；一般談話的場合，最惡毒的也是人身攻擊。而對付人身攻擊，最犀利、最有效的方法則是以牙還牙。

《世說新語・言語篇》中記載了一則孔融見李膺的故事，可以看出典型以牙還牙的反駁法。

孔融十歲時，拜訪當時具有盛名的李膺，對守門的官吏說：「我是李府親戚。」守門人才容許他進去。

進去後，李膺問他說：「我與你有何親戚關係？」

孔融說：「我的祖先是孔子，與先生的祖先老子有師生之誼，所以我與先生是世家通好。」李膺及賓客們對這種攀親引戚的說法大為讚嘆，因為孔融說的雖然不免穿鑿附會，但對這些喜歡清談的名士來講，卻是前所未聞的絕妙好辭。

這時陳煒晚到，經人傳述之後，頗不以為然，用輕蔑的口吻說：「小時了了，大未必佳。」(了了是聰明的樣子)

孔融聽了，馬上反駁說：「想君小時，必當了了。」說得陳煒大為尷尬。

其實以牙還牙的反駁法，並不限於受到人身攻擊時才能使用。只要對方言論自相矛盾，用對方的論點反駁對方就算是了。

故事

澠池之會，秦、趙立下盟約，約定：「自今以後，秦國想要做的事，趙國必須援助；趙國想做的事，秦國必須援助。」

過了不久，秦國出兵攻擊魏國，趙國想去援救魏國。

秦王很不高興，就派人責備趙王，說：「我們以前曾經立下盟約，約定秦國想做的事，趙國必須幫忙；趙國想做的事，秦國必須幫忙。現在秦國想攻打魏國，趙國卻想援救魏國，所以你們已經違背盟約了。」

趙王將這件事告訴平原君，平原君向公孫龍請教。

公孫龍說：「我們也可以派使者去責備秦王，說：『趙國想援救魏國，你們卻不幫忙趙國，所以你們違背盟約。』」（《呂氏春秋・審應覽淫辭篇》）

解說

外交場合，爾虞我詐，利益相合時，就訂立盟約，共同合作；一旦利益衝突，就不免決裂。只是你來我往之間，外交辭令有時必須虛虛實實，有時又必須理直氣壯；如果不是談辯的高手，或身經百戰的能者，恐怕難以勝任。

仔細觀察公孫龍以牙還牙的技巧之所以能夠成立，主要並不是秦王的責難有問題，而是秦、趙兩國的盟約不夠周延。

典型的三段法必須包含大前題，及推論的前件與後件。如今秦、趙兩國所立的盟約就是大前題；這個大前題不夠周延，至少它未規定「先後順序」。

大前題既然不夠周延，「秦國攻魏國，趙國必須援助」的推論前件自然有問題，「趙國違背盟約」的推論後件也就不能成立了。

14 王翦　求田問舍

俗諺：「瓜田不納履，李下不整冠。」

引子

漢高祖劉邦死後，呂后掌握實權，接著漢惠帝又死了，呂氏家族的成員就更肆無忌憚的被立為王侯，但是高祖當年的功臣，多半無可奈何，只能先求明哲保身。其中的謀士陳平，當時被呂后拉去當右丞相，戰戰兢兢，又有口難言。呂后的妹妹呂嬃有好幾次在呂后的面前中傷陳平，說道：「陳平當丞相卻不辦事，每天只會飲醇酒、戲婦女。」陳平聽到風聲之後，竟然將計就計，甚至變本加厲地喝酒、玩女人。而呂太后知道了陳平的行為，也是心中竊喜。有次更是當著陳平的面，責怪妹妹呂嬃說：「俗話說：『小孩、女人的話是不可信的。』丞相不必擔心呂嬃的中傷。」從此呂后就不再顧忌陳平了。而呂后死後，陳平逮住機會，與周勃合謀，殺了諸呂。

陳平是智囊，老謀深算，當然知道呂后是忌諱高祖的老臣阻礙呂氏掌權，所以就用了「飲醇酒、戲婦女」的避嫌法以求自保。

而在言談對話上，為求退可以自保、進可以立功，有時即須看對象與實際情形以求避嫌。

故事

秦始皇滅了韓、趙、魏，逼走了燕王（燕王喜出走遼東），又接連擊敗楚軍。當時秦軍將領李信，年少勇猛，曾經率數千士卒追逐燕國太子丹，最後在衍水附近將太子丹擒獲，秦始皇大加讚賞。於是秦始皇就問李信：「我想攻取楚國，李將軍認為該用多少部隊？」李信說：「不過二十萬人。」始皇接著又問王翦，王翦說：「非六十萬人不可。」始皇就說：「王將軍老了吧！怎麼這麼膽小！李將軍果然勇猛，他的話才對。」於是就派李信及蒙恬率領二十萬人馬南下攻擊楚國。王翦因為不受重用，就託病告老而退居頻陽。

李信帶兵進攻平與，蒙恬進攻寢丘一帶，大破楚軍。李信接著又攻擊鄢、郢，攻破之後，帶兵西進，與蒙恬在城父會合。但楚人卻尾隨其後，三日三夜未嘗停歇，結果大破李信的部隊，殺了七名軍官，秦軍敗退。

始皇接到消息，大怒，親自趕到頻陽，見了王翦並表示歉意，說道：「寡人因為沒能聽從將軍的話，讓李信使得秦軍受辱。現在聽說楚軍日漸西進，王將軍雖然有恙在身，難道忍心拋棄寡人嗎？」王翦謝罪道：「老臣疲病交迫，希望大王能再另外遴選賢明將領。」始皇只好再次謝罪道：「算了吧！將軍不要再說了嘛！」王翦說：「如果大王一定要用老臣，非六十萬人不可。」始皇只好說：「聽你的。」於是王翦就統率六十萬士卒，而始皇則親自到霸上送行。

王翦出發時，請求始皇賜予大批的良田、美宅和園池。始皇說：「將軍出發吧！何必擔憂貧窮呢？」王翦略作無奈之狀，說道：「為大王帶兵，即使有功，終究不能封侯，所以趁著大王重用老臣時，希望及時為子孫請求賜予產業。」始皇聽了，哈哈大笑。王翦到了函谷關，一路上陸續派了五個人回去向秦始皇請求賜予良田美池。有人看不過去，就說：「將軍這麼急迫地請求賜予，也實在太過分了吧！」王翦說：「才不呢！秦王粗暴而且不信任人，如今把全國的軍隊都交給我一個人，我要是不多請求賜予田宅作為子孫的產業，將如何避嫌、如何自保？難道要讓秦王懷疑我嗎？」

王翦取代李信帶兵南下，一年多之後，俘虜了楚王，平定了楚國領地，立為郡縣。（《史記．白起王翦列傳》）

解說

「樹大招風」、「功高震主、才高遭嫉」絕對不是老生常談，而是至理名言。

王翦是老將，但不只是估算精確的沙場老將，更是老於世道人心、知所進退的人生老將。

透過這一段故事，我們至少可以由王翦的言行學到下列幾項技巧：

1. 堅守底線。審慎評估任務之難易，然後堅守底線，絕對不要急攻躁進。
2. 以退為進。藉口疲病交迫，以突顯自己決不貪求軍功。
3. 巧於避嫌。王翦洞悉秦王心態，深知秦王一方面想統一天下，一方面又怕軍權旁落，所以用求田問舍的方法避嫌。

最後，我們不妨再檢視一下避嫌法的運用原則，那就是：一、確認對方的忌諱；二、轉移對方的注意力；三、以重複的方式強化避嫌的作用。

15 潁考叔　推己及人

《論語・顏淵》：「子曰：『君子成人之美，不成人之惡。』」

引子

為人作媒，為冤家兩造調解，為人穿針引線，甚至捨己為人，都可以美其名為「玉成」。而為人玉成好事，可貴的是不計私利，甚至是功成身退；而其方法往往是以設身處地為基礎，其態度則多半來自於古道熱腸。

西漢時有位游俠名為郭解，因為行俠仗義、以德報怨，所以深得人心。當時洛陽有兩個人彼此結怨，城中許多有頭有臉的人多次為他們協調，希望能化干戈為玉帛，但一直不被他二人所接受。後來有人求助於郭解，郭解在夜裡分別造訪兩家，這兩家竟然能委曲求全地順從郭解的調解而化除仇隙。事成之後，郭解對他們說：「我聽說洛陽城裡有許多人為你們兩人奔走協調，但都未成功。現在我雖然有幸完成此事，但總不便奪走貴地賢者的聲望，所以請等我離去之後，再由貴地的賢者協調，以便成全他們。」這種功成不居的美德，使郭解更受人敬仰。

戰國魏安釐王二十年（公元前二五七年），秦昭王大破趙國軍隊，又進兵包圍邯鄲。當時魏王派晉鄙率十萬部隊援救趙國，但秦王揚言在攻破趙國之後，隨時會移兵攻擊試圖援救趙國的國家，魏王只好下令晉鄙暫時屯兵觀望。而戰國四公子之一的魏信陵君，因其姊是趙平原君的夫人，基於姊弟之誼，心急如焚，但面對強秦，想解救趙國卻無技可施。

這時有位隱士，叫侯嬴，身為大梁夷門的守門員，挺身而出，為信陵君引介勇士朱亥，並獻計使魏王寵姬「如姬」盜取兵符。然後又擔心晉鄙在陣前不受指揮，就由朱亥在軍中以四十斤的鐵錐擊殺晉鄙。信陵君這才能如願率領魏軍攻擊秦軍，而為趙國解圍。

可貴的是侯嬴在信陵君出發後，竟然自殺。侯嬴自殺，目的在保證絕對的守密與絕對的忠貞，今日看來，雖然不免令人覺得大可不必，但就成人之美而言，的確是劃下了捨己為人的完美句點。

而成人之美，有時不必出生入死，只要能掌握原則，在言談對話之間即能完成任務。

故事

這是公元前七二二年所發生的事。

原先鄭武公在申國娶妻，名叫武姜，後來生了莊公、共叔段。因為莊公出生時是頭後腳先，使得武姜受到了驚嚇，所以為莊公取名寤生，並因而討厭莊公。武姜疼愛共叔段，曾請求立共叔段為太子，但武公未答應。

莊公即位之後，共叔段住在京城，以之為封地，由於他身懷異心，就積極經營，陸續併吞了附近許多土地。接著又整治城郭，囤積糧食，裝備武器，準備一舉篡奪王位，而武姜則計畫作為內應，為共叔段打開城門。

莊公得知共叔段起兵的日期後，先下手為強，擊潰了共叔段的防衛，共叔段逃奔共國。事後莊公將母親武姜安置在城潁，由於莊公心懷怨怒，一時難消，揚言說：「不到黃泉不相見。」但不久之後又感到後悔。

潁考叔當時在潁谷當封人（地方官），聽到了這件事，就以貢獻為名義晉見莊公，而莊公則設宴賞賜他。潁考叔在吃飯時故意把肉放在一邊不吃，莊公問他為何如此。他說：

「小臣的母親嘗過所有小臣的食物，但是從未嘗過國君的肉羹，請准許我帶回去孝敬母親。」

莊公說：

「你有母親可以供養食物，唉！我卻偏偏沒有。」

潁考叔就趁機發問，而莊公也說明了原因，並表示自己業已後悔。潁考叔立即說道：

「大王何必擔心？如果掘地之後見到泉水，然後在隧道之中相會，有誰說不可以呢？」

莊公於是依計而行，終於母子相會，和樂融融。（《左傳・隱公元年》）

解說

這個故事，看來只是一場家常話，潁考叔到底用了什麼技巧呢？

1. 以設身處地的方式引發莊公作類比聯想。
2. 運用歧義辯證法，使「黃泉」產生歧義，再善加利用。
3. 運用順水推舟的方式，完成莊公業已表白的願望。

而這第三項最為重要，因為：一、潁考叔事先有耳聞，應已評估成功的機率；二、伴君如伴虎，莊公如未親口表明有後悔之意，臣下怎可貿然獻計？

16 解狐　先公後私

《呂氏春秋・孟春紀》：「昔先聖王之治天下也，必先公，公則天下平矣。」

引子

歷史上的賢君、功臣、名將之所以能功成名就，當然各有其特殊原因，但「公私分明」卻是他們的共同特質。

諸葛亮曾揮淚斬馬謖，雖然馬謖是他的愛將，但不聽指揮，擅自作主，所以諸葛亮不得不殺他；這是「公私分明」。

諸葛亮又曾經將廖立、李平廢為平民，兩人卻都至死無憾，為什麼呢？因為諸葛亮「用心公平，勸戒分明」。所以陳壽《三國志》在〈諸葛亮傳〉後評論他說：「開誠心，布公道。」

管仲與鮑叔牙是一對關係微妙的朋友。在齊國王位的爭逐戰中，管仲擁護公子糾，鮑叔牙擁護公子小白；最後公子小白登基，也就是齊桓公。當時管仲因為是政敵，所以被囚禁，靠鮑叔牙的營救及推薦才成為齊桓公的宰相。

後來管仲病危，桓公前去探病，並詢問是否可以讓鮑叔牙繼任宰相之職。照理說這是管仲感恩圖報的時候，應該極力促成才是，管仲卻說鮑叔牙雖然清廉正直，但不夠寬容而予以否決。為什麼？因為管仲「公私分明」，以國家公事為重。

對人談話也是如此，言談之間懷著私慾，怎教人信服？即使口若懸河，講得天花亂墜，一旦私心被人識破，就再也不能逞口舌之能了。

故事

魏文侯問大臣解狐說：「我想要任命西河太守，你認為有誰可以擔當重任？」

解狐說：「荊伯柳是位賢人，應該可以任用。」

文侯說：「他不是你的仇人嗎？」

解狐說：「國君只問我誰可以任用，沒問我誰是我的仇人啊！」

於是文侯就決定要任命荊伯柳為西河太守。

荊伯柳聽到了即將被任命的消息，就向人打聽是誰向國君推薦的。

左右的人回答說：「解狐。」

荊伯柳於是去見解狐，向他謝罪：「先生寬恕了我的過失，又向國君推薦我，請受我拜謝。」

解狐說：「推薦你，是出於公事；怨恨你，是基於私心。現在公事已經辦過了，我還是一樣怨恨你。」說完，拉開弓就射向荊伯柳，荊伯柳跑得很遠才看不見人影。（《韓詩外傳‧卷九》）

解說

祁黃羊曾經推薦仇人給國君，又推薦兒子當官；被後人稱讚為「外舉不避仇，內舉不避親」。但試想，如果祁黃羊不是先推薦自己的仇人，塑造出大公無私的形象，在推薦兒子的時候，怎可能不惹來非議呢？

解狐也是一樣，魏文侯如果不是因為解狐大公無私，用不用荊伯柳，恐怕還在未定之天呢！

所以與人談話或論辯，必須屏除私心，講公道話，才能使人心服口服，否則唇槍舌劍只能使人暫時退讓，終究不能使人俯首帖耳。

17 樊姬 隔山打牛

俗諺：「請將不如激將。」

引子

說話要發生作用，倒不一定要與對方面對面，你來我往，彼此激辯折衝。因為話雖然沒有腳，卻走得比腳還快，它可以飛天遁地，也可以翻山越嶺。

說話要增加分量，最好是藉由有影響力的人去說。因為話中的分量，與傳話者的影響力配合在一起，有相乘的效果。古人寫好文章，總希望有人品題一番；賣馬的人要求伯樂看完馬，離開時，再回頭看牠一眼，作用也是一樣。何況借力使力最省力氣呢！

故事

楚莊王有次退朝較晚，樊姬走下廳堂迎接他，說道：「為什麼這麼晚退朝呢？會不會飢餓、疲倦呢？」

莊王說：「今天聽了忠誠賢明的臣子的言論，並不覺得餓，也不覺得倦！」

樊姬說：「大王所謂忠誠賢明的臣子，到底是諸侯的人，還是國內的人呢？」

莊王說：「就是我國的沈令尹啊！」

樊姬聽了，掩住嘴笑著。

莊王說：「妳在笑什麼呢？」

樊姬說：「臣妾侍候大王沐浴，拿著浴巾、梳子為大王服務，整理蓆褥，已經有十一年了。但是我時常派人到梁國、鄭國各地去物色美女，以奉獻給大王。如果統計起來，我推薦的美女當中，與我相等的有十位，比我好的有兩位。我難道不想讓大王專寵我一個人嗎？我只是不想因個人的私願而隱蔽眾多的美女，而且希望大王能多看一些美女，使心情愉快些。而現在，沈令尹當楚國宰相已經好幾年了，卻不曾見他推薦賢能的人，也不曾看他罷免不肖的人，所以他怎麼算得上是忠誠賢明呢？」

莊王第二天上朝，將樊姬的話告訴沈令尹。

沈令尹就辭去自己的職位，推薦孫叔敖。孫叔敖治理楚國三年，楚國就稱霸於天下了。

楚國的史官於是用筆將這件事記在書冊上，並說：「楚國能夠稱霸，是樊姬的功勞。」

（《韓詩外傳・卷二》）

解說

我們不必預設樊姬是有意打擊沈令尹的，但樊姬的一番話確實有隔山打牛的功力，而技巧則在借力使力。樊姬借力使力、隔山打牛之所以能夠奏效，是因為她至少掌握了一些重要條件：

1. 平時體貼入微，深受莊王的寵愛。
2. 平時大公無私，不會爭取專寵，所以受莊王信任。
3. 運用類比推論：樊姬可以替莊王物色美女，為什麼沈令尹不能為莊王推薦賢人？
4. 言談過程既自然且從容，不是有備而來，莊王當然不會懷疑。
5. 對手沈令尹能屈能伸，極為識趣。
6. 當然，最重要的一點是：樊姬借力，借對了人。

18

西門豹　隨俗矯治

俗諺：「入鄉問禁，入廟拜神。」

引子

有人說：「新官上任三把火。」固然有其道理，但地方官新來乍到，如果不了解當地的風俗民情，就隨意放火，難保不會事倍功半，甚至大火燎原，一發不可收拾。

故事

戰國魏文侯（公元前四二四～前三八七年）指派西門豹當鄴令。西門豹一到當地，就召集當地長老探問民間疾苦。

長老們說：「本地因受害於為河伯（河神）娶親之事而貧苦不堪。」

西門豹探問緣由，長老們說：

「本地的三老、廷掾（地方官）每年對百姓徵收數百萬的稅金，用其中的二、三十萬為河伯娶親，剩餘的錢財就由他們與巫祝（靈媒）瓜分。河伯娶親之前，巫祝先巡視各戶人家，找出漂亮的姑娘，說是要為河伯娶親，就下了聘禮。為她沐浴，縫製新衣，齋戒一段時間；然後在河邊搭蓋齋房，張掛紅色帳幕，讓這姑娘住在裡頭十數日，吃些牛、酒及其他食物。後來，在一番妝扮之後，將姑娘放在床蓆之上，浮於水面。一開始還飄浮在水面，飄流數十里之後就沉沒了。所以一般人家要是有漂亮的姑娘，怕大巫祝為河伯娶親，多半會帶著女兒逃到外地。因此城裡人口就越來越少，而且多半貧困無依，這種現象已經持續很久了。然而人民卻還是口耳相傳地說：『如果不為河伯娶親，將會有大水作怪，淹死人民。』」

西門豹說道：

「到了河伯娶親時，三老、巫祝、父老一定會在河邊舉行儀式，希望你們能通知我，好讓我也來送行。」

長老們當然答應了。

到了河伯娶親時，西門豹來到了河邊。當地的三老、官僚、豪強、父老都聚在一塊兒，而民眾也來了二、三千人。那個主事的大巫祝是個老婦人，已經七十多歲了，女弟子大約有十人，都穿著繒綾單衣，跟在大巫祝身後。

這時，西門豹說道：

「叫河伯的媳婦來，讓我看看美不美。」

他手下就將姑娘帶出帳幕，來到跟前。西門豹看了看，回頭對那些主持儀式的人說道：

「這個姑娘不漂亮，勞煩大巫祝去通報河伯，等找到美女之後，改天再送去。」

話一說完，就差手下抱住大巫祝，將她投入河中。過了一陣子，又說道：

「大巫祝怎麼去那麼久呢？請她的弟子去催促一下吧！」

於是投下一名弟子，又過了一陣子，西門豹說道：

「弟子怎麼也去那麼久，再派一個去吧！」

於是又投入一個。就這樣接連投了三個弟子入河。

西門豹等了一會兒，說道：

「巫祝的弟子是女人，恐怕不會說話，勞煩三老去向河伯說明吧！」

於是也將三老投入河中。西門豹彎著腰，仔細看著河面，等了好久。長老、地方官吏及旁觀者都心驚肉跳，恐慌萬分。西門豹這時回頭說道：

「巫祝、三老都不回來，怎麼辦呢？」

說完，又差人帶著廷掾、豪強各一人，將他們趕到河邊，要他們去催促。當下廷掾、豪強都跪下叩頭，叩得頭破血流，滿地鮮紅，臉色卻慘如死灰。西門豹看了一看，說道：

「好罷！就等一會兒再說。」

不久，西門豹說：

「廷掾們起來吧！看樣子河伯留客留得久，你們都回去吧！」

當地的官吏、民眾自是極度恐慌；從此之後，沒人再敢說要為河伯娶親了。（《史記・滑稽列傳》）

解說

西門豹可以說是既絕又狠又準，絕的是隨俗用計，空前絕後；狠的是你魚肉鄉民，草菅人命，我就讓你自掘墳墓，死得其所；而準的是洞悉時機，對症下藥。

而其布局，我們至少可以看出兩個特色：

1. 選擇場合以表現張力。在盛大的儀式上，官民聚集，眾目睽睽之下，影響力才足以擴張到極點。

2. 利用時間以強化力度。要破除迷信，掃除陋規，須藉強而有力的行動，而行動的執行是將神棍、惡霸、貪官一個一個地投下河，其中間隔的時間會使效果醱酵、膨脹，以至於沸騰。

在這種巧妙的布局之下，他的說話技巧被隱藏得很好，但我們還是可以尋繹出幾項原則：

1. 以其人之道還治其人之身。一切都依循著陋俗的程序，站在希望更圓滿地完成儀式的立場說話，藉口姑娘不夠美，以引起後續的行動、談話。

2. 不說道理、不動聲色，甚至還擺出「巫祝、三老都不回來，怎麼辦呢？」的疑惑狀。姿態越輕鬆，一旁的人就越緊張。

3. 能適可而止，替人留下退路。反正目的已經達成，又何必多傷人命呢？

19 呂不韋 以利誘人

《鬼谷子‧捭闔篇》：「若探人而居其內，量其能，射其意也，符應不失；如螣蛇之所指，若后羿之引矢。」

引子

要打動人心，最簡單的方法便是對方想要什麼，就給他什麼。這種方法就像螣蛇設定目標，或后羿張弓射箭一樣，絲毫不會失手。

故事

子楚（後來的秦莊襄王）是秦國庶出的王孫公子，在趙國當人質。隨從、車馬、財富都不足，相當落魄。呂不韋在邯鄲見了他，認為是「奇貨可居」，並游說子楚：「我能光大你的門戶，讓你當秦王。……」子楚恭敬地說：「先生計策如果成功，我願與先生共享秦國。」

呂不韋就獻出五百斤黃金給子楚當交際費，然後又花了五百斤黃金蒐購玩好珍寶，帶到了秦國。

他先求見華陽夫人的姊姊（華陽夫人是秦國王儲安國君的夫人），請她將玩好珍寶獻給華陽夫人，表明是子楚的心意，並提到子楚賢明睿智，結交諸侯、賓客，遍及天下，而且常常表示：「心中最敬重華陽夫人，日夜都思慕太子及夫人。」夫人聽了，當然很高興。

之後呂不韋藉華陽夫人的姊姊向她的妹妹游說：「我聽說以美色受寵的人，一旦年長色衰，就不會再受寵幸了。現在夫人事奉太子，極受寵愛，卻沒有為他生兒子。如果不趁此時在王孫公子當中物色賢明孝順的人，提拔他，讓他過繼為嫡子；丈夫在的時候，尊貴的地位還保得住，一旦丈夫過世，自己的兒子必須當上國君，才不至於失勢。只要夫人一句話就可以保有萬世之利啊！不趁時機大好的時候定下根本的大計，將來要是容貌衰老，不受寵愛，再想開口要求，怎還辦得到呢？現在子楚極為賢能，但自知排行是中男，在順位上不能當繼承人。而他的母親不受寵愛，才來投靠夫人；如果真的能在此時提拔他當嫡子，夫人在秦國就能一輩子受寵了。」

華陽夫人認為姊姊說得有道理，就趁太子安國君空閒時，從容地提到子楚在趙國當人質，極為賢能，大家都稱讚他。接著，楚楚可憐地哭著說：「妾身很幸運地能在後宮服侍太子，可惜沒有兒子；希望能收子楚為嫡子，以寄託終身。」

安國君答應了，命人刻玉符給夫人做信物，約定立子楚為嫡子——當繼承人選。

安國君及夫人給予子楚豐厚的賞賜，並請呂不韋當子楚的師傅。子楚在諸侯間的名望，也因此更加提升了。（《史記‧呂不韋列傳》）

解說

呂不韋是一個曠世難尋的偉大導演，其實他的高明處只有兩點：

1. 眼光正確，押對了寶；子楚後來當上了國君，呂不韋也當上了宰相。

2. 投人所好，誘之以利。

這看似簡單，卻也是最重要的原則，因為要說服他人，如果是強人所難的事，即使技巧高明，也只能暫居上風，不能永保萬世之利。

另外，由這個故事看來，呂不韋還有一些特定條件及周邊技巧，足以促使他的游說得以成功：

1. 經商致富，所以能不惜耗費鉅資。

2. 採取迂迴路線，先找華陽夫人的姊姊下手。一來避免突兀，二來畢竟裙帶關係及枕邊細語才是成事的重要關鍵。

20

甘羅 穿梭取利

臺灣俗諺：「摸蛤仔兼洗褲——一兼兩顧。」

引子

打獵能一箭雙鵰、一石二鳥，不但可以享受實利，也可以滿足成就感。同樣的，作生意講求一本萬利，寫文章希望左右逢源，而從事政治當然不妨一舉數得。

故事

甘羅，是甘茂的孫子，十二歲時即為秦國出使、建功。

話說當時秦國宰相文信侯呂不韋想派張唐去聯合燕國，以便夾擊趙國，但張唐曾經助秦昭王攻打趙國，怕路過趙國時被報復，所以不肯去。甘羅則自告奮勇地對張唐加以勸說。

甘羅說：「先生的功勞比起武安君（白起），誰大？」

張唐說：「武安君曾經擊敗南方強大的楚國，威鎮北方的燕國、趙國，而且攻城掠地不計其數，我當然比不上。」

甘羅說：「依先生之見，應侯（范雎）與文信侯相比，誰較為專權？」

張唐說：「文信侯較專權。」

甘羅說：「既是如此，先生應記得當年應侯想攻擊趙國，武安侯從中作梗，結果一離咸陽才七里路就死在杜郵。如今文信侯請先生去燕國而先生卻不肯，我看先生將死無葬身之處了。」

張唐聽完，只好令人治裝出發。

過了幾天，甘羅對文信侯說：「請借我五輛車，讓我先去趙國為張唐打點。」文信侯稟明秦王之後，甘羅就以使者身分去了趙國。

趙襄王得知之後，在郊外迎接甘羅。

甘羅說：「大王可知燕太子丹在秦國當人質？」

趙王說：「已聽說了。」

甘羅說：「可知張唐要去燕國？」

趙王說：「已聽說了。」

甘羅說：「燕太子丹到秦國，而張唐到燕國，是雙方互示誠意，這麼一來，趙國必定受威脅。其實秦、燕相結合，目的是想攻擊趙國以擴充黃河流域的領土。所以請大王交給我五座城池以擴充秦國領土，而我則游說秦王送回燕太子丹，然後再與強大的貴國合作，以便攻擊弱小的燕國。」

趙王立即割讓五座城池，而秦國也果真送回燕太子丹。之後，趙國攻擊燕國，佔據上谷附近的三十座城，並讓秦國分取其中十分之一的土地。

事後甘羅被封為上卿，並收回原先甘茂受賜的田宅。（《史記・樗里子甘茂列傳》）

解說

十二歲的甘羅少年老成，一出奇計即名揚後世，雖然司馬遷不認為他是「篤行之君子」，但我們卻不能否認他的確是一位天才神童。其高明處在於：

1. 採用類比推論的方式，將張唐比作武安君，使張唐心生恐懼。
2. 開誠布公，以取得趙王之信任，再促銷自己的計謀。

3. 世家子弟，充分了解當時的國內外政治生態。
4. 穎悟過人，完全掌握人性的弱點。

貳・情緒管理

01 鮑叔牙　知人讓賢

田錫《咸平集・上開封府判書》：「人不易知，深心有山川之險；物難求備，良材有大小之差。」

引子

齊桓公在位期間能成為春秋時期的第一個霸主，是得力於管仲的輔佐；而管仲能伸展才華，則是得力於友人鮑叔牙的推薦。他們為君臣、朋友能夠相得益彰，寫下了極佳的範例。

公元前六九四年，齊襄公醉殺魯桓公，私通其夫人；誅殺不當，又淫於婦人，而且欺罔大臣，他的弟弟們唯恐災禍臨身，於是紛紛逃亡。其中公子糾出奔魯國，由管仲、召忽輔佐。而公子小白（以後的齊桓公）則出奔到莒，由鮑叔牙輔佐。

齊襄公死後，無知（齊莊公之孫，齊襄公的堂兄弟）繼位，但無知不久即被殺。當時齊國權臣高氏、國氏暗中派人到莒去招請小白。而魯國聽說無知已死，也派兵護送公子糾回國，另外又派管仲帶兵去路上阻攔公子小白，結果雙方遭遇，管仲射中了公子小白的帶鉤，公子小白則裝死。

管仲派人向魯國馳報喜訊，魯國護送公子糾的隊伍聞訊之後，行動就遲緩了下來，經過六日之後才到達齊國，而當時小白已先行回國，由高傒輔佐，登基繼位。

桓公登基之後，發兵攻魯，想殺管仲。鮑叔牙卻說：「大王想治理齊國，那麼只要高傒與叔牙就夠了；但是如果想稱霸於天下，則非管仲不可。」於是桓公不但讓管仲脫離桎梏，而且以厚禮聘任管仲為大夫。

往後的歷史也的確證明鮑叔牙有知人之明。

故事

管仲名夷吾，字仲，少時與鮑叔牙交往，鮑叔牙知道他很賢能。管仲貧困，而且時常欺罔鮑叔牙，但鮑叔牙始終善待管仲，不曾有怨言。

後來鮑叔牙事奉齊公子小白，管仲事奉公子糾。等到小白返國繼承君位之後，公子糾被殺，管仲自請受囚。

鮑叔牙這時則推舉管仲，讓他能受桓公重用；結果桓公稱霸，曾經九度會盟諸侯，一度匡濟天下。

管仲說：「我貧困時，曾與鮑叔合夥經商，分錢時自己分得多，但鮑叔不認為我貪婪，因為他知道我貧窮。我曾為鮑叔辦事，結果越辦越窘迫，鮑叔不認為我愚昧，因為他知道時機有利與不利之別。我曾經數度當官，但都被國君斥逐，鮑叔不認為我不肖，因為他知道我遭遇不利的時運。我曾經參與戰爭，結果三戰三逃，鮑叔不認為我膽怯，因為他知道我家有老母。公子糾失敗之後，召忽自殺，我則幽囚受辱，鮑叔不認為我無恥，因為他知道我不羞小節，而以功名不能顯揚於天下為恥辱。生我者是父母，而知我者則是鮑子。」

鮑叔推舉管仲之後，屈居下位。但子子孫孫享有齊國俸祿，領有封地，緜延十幾代，常是齊國的名大夫。所以天下人並未稱讚管仲賢能，卻誇獎鮑叔能夠有知人之明。（《史記・管晏列傳》）

解說

鮑叔牙不但有知人之明，而且還有救人之智、讓賢之量。

就知人之明而言：

1. 他對管仲有知人之明，幾乎是理所當然的，因為他與管仲交往甚久，有足夠的時間與事件，可以讓他做出最正確的判斷。

2. 他對桓公行為目標的理解，更能凸顯他的知人之明。

就救人之智而言：

1. 先充分掌握桓公的情緒，再以游說桓公稱霸天下為切入點，營救管仲的事就可以順理成章，水到渠成。

2. 以游說桓公稱霸的決策營救管仲，是先公而後私，萬一失敗，桓公不致怪罪鮑叔徇私。

就讓賢之量而言：

1. 有自知之明，顯示他能確切掌控自己的情緒，絕對無強自出頭的私心。

2. 有容人的雅量，所以在與管仲交往的歷程中，屢次吃虧也不以為意。

3. 深懷同理心，所以才能對管仲的諸多行為採取「善意」的解釋。

4. 有謙抑的性格，才能婉拒桓公欲以他為宰相的任命；能夠充分調解自己的情緒，才能屈居在管仲之下。

另外，桓公聽從善言，任用仇敵，足見胸襟寬弘。而管仲知恩圖報，才有「生我者父母，知我者鮑子」的真切自白。三人之間，確是相得益彰。

所以，或許我們可以說：「成功者的背後，必然有情緒管理的高手。」

02

楚莊王　絕纓暢飲

《韓非子・大體》：「不吹毛而求小疵，不洗垢而察難知。」

引子

孟嘗君能有食客三千，除了依恃權勢、財富，還得仰仗寬容的胸懷。

孟嘗君有個舍人（猶今之管家）與孟嘗君的侍妾私通，有人向他密告此事，並且說：「身為主上的舍人卻與夫人私通，實在不顧道義，希望主上殺了他。」孟嘗君卻說：「時常見面而兩情相悅，這是人之常情。算了！以後不要再說了。」

過了一年，孟嘗君召見私通侍妾的舍人，說道：「你與我田文交往很久了，當個大官嘛，沒有機會；當個小官嘛，你又不要。衛國國君與我是好朋友，你去準備車馬，帶些鹿皮、束帛作禮物，我推薦你去追隨衛君吧！」

後來齊、衛交惡，衛君想邀約各國一起攻打齊國。這個先前的舍人就對衛君說：「當年我有欺君之罪，但孟嘗君卻包容我。我聽說齊、衛二國的先王曾經殺了馬羊，歃血為盟，彼此相約，世世代代不相攻伐，否則願同馬羊一般被殺。如今君上邀約天下的兵馬，想要攻伐齊國，已經違背先王的盟約，而且欺罔孟嘗君。希望君上不要圖謀齊國，否則臣不肖，頸上的鮮血恐怕會濺污您的衣襟。」在說理與威脅之下，衛君就停止了行動。

孟嘗君因為寬容而受到回饋，楚莊王也曾有相同的遭遇，而且關係人都是侍妾與隨從。

故事

楚莊王名旅（或作侶），有雄才，是春秋五霸之一，公元前六一三年至前五九一年在位。有次楚莊王賞賜群臣飲酒，日色已暗而酒興正酣，忽然之間，燭火熄滅。當時有人乘機拉扯莊王侍妾的衣裙，侍妾也乘勢扯斷了那人的帽纓，然後向莊王說：「燭火熄滅時，有人拉我的衣裙，我扯斷了他的帽纓，請趕快點燃燭火，察看是誰斷了帽纓。」

莊王說：「我請人喝酒，才害人喝醉而失禮，怎能為了彰顯婦人之貞節而折辱士人呢？」就下令：「今日與寡人飲酒，不扯斷帽纓不算暢飲！」在座的群臣有一百餘人，都扯斷帽纓，然後才再點燃燭火，一場酒宴盡歡而散。

過了三年，晉國與楚國交戰（《韓詩外傳・卷七》則說是「吳興師攻楚」），有一名勇士時常護衛在楚莊王身前，與敵人五度交鋒，越戰越勇，爭先擊退敵人，最後楚軍得勝。

莊王訝異地問這名勇士：「寡人德行淺薄，又不曾特意禮遇先生，您為何如此奮不顧身？」

勇士說：「臣早就該死了。以前曾經酒後失禮，承蒙大王隱忍而未誅殺；而臣始終不敢不回報大王的陰德，所以早就想肝腦塗地，奮身殺敵了。臣就是當年酒宴中滅燭絕纓的人。」

於是擊敗了晉軍，而楚國就更加強大了。（《說苑・復恩》）

解說

《說苑》在這一則故事之後作了一個評論，說「有陰德者必有陽報」，這是以道德的因果律來作解說。其實道德的施行與回饋，二者之間只有較高的或然性，並沒有絕對的必然性，至少在現世是如此的。

但是，即使只是較高的或然性，也是領導統御者必下的功夫。

就這個事例而言，我們可以得知莊王的決策有以下的背景：

1. 時代背景。女權低落，常只是陪侍取悅的工具。

2. 謀略背景。莊王設定的行為目標是在政治與軍事，謀臣與勇士固然也是工具，但就莊王的行為目標而言，他們的工具性價值遠高於侍妾。

但是，這種選擇性的情緒管理，莊王也傳遞了特出的信息：

1. 能夠深入反省。他是用歸咎自我的方式減輕酒後失禮者的罪惡感。

2. 能夠引導群眾。他藉著威權、愛士的心理，雙管齊下，當然可以糾合群眾為他賣命。

「成大事者不顧家」，既是選擇性的情緒管理，被犧牲的當然是弱勢者。

03 季札 掛劍致意

張弧《素履子．履信》：「可終身而守約，不可斯須而失信。」

引子

李白〈長干行〉：「長存抱柱信，豈上望夫臺。」其中「長存抱柱信」寫的是尾生的故事。話說尾生與一女子相約在橋下相會，但女子過期未來，尾生固守承諾，枯候橋下，甚至水位暴漲，仍然不願離去，最後不幸抱柱溺死。

顏師古注《漢書》時說：「尾生，古之信士。」刻意強調他信守承諾，這是泛道德文化背景下的解釋。其實尾生既然是與女子相約，就應當界定在男女情愛的範圍內加以解說，而道德承諾與情緒管理，則是男女情愛糾葛所衍生的問題。

如果以情緒管理的觀點看尾生，那麼尾生必然是取得女子的承諾之後，滿懷希望地在橋下守候，但隨著時間的移逝，希望落空，一變而為失望。而水位暴漲的時候，剛好也就是失望之情到達頂點的時候，尾生情緒失控，就產生了「抱柱溺死」的殉情行為。

另外，我們再看一則與「信守承諾」有關的事例。

故事

季札是吳王壽夢的第四個兒子，壽夢死後，長子諸樊繼位，諸樊死後，由其弟餘祭繼位。餘祭四年，即公元前五四四年，季札出使晉國。

季札在出發之後，帶著寶劍順道去拜見徐君（徐國諸侯），徐君看了寶劍，嘴裡不說，但臉上卻已流露出想要擁有的表情。

季札因為必須出使大國，所以未獻上寶劍，但是心中已經許下奉獻的承諾。

季札完成出使的任務後，又回到徐國，但徐君卻已死於楚國。季札就解下寶劍，要交給徐國嗣君。

季札的隨從說：「這是吳國重寶，不便用來贈送他人。」

季札說：「我不是用來贈送的。原先我來的時候，徐君看過我的寶劍，雖然不曾言明，但已表示出喜愛的神色。當時我為了出使大國，不便奉獻，但我心中已經許諾了。現在雖然徐君不在人世，但如果我不奉獻的話，我會覺得欺罔良心。為了愛劍而欺罔良心，這是清廉者所不願做的事。」

於是將寶劍交給了嗣君。

徐國嗣君說：「先君未有遺命，我不敢接受寶劍。」

季札就將寶劍懸掛在徐君墓前，隨即離開。

徐國人士唱歌讚揚季札：「延陵季子兮不忘故，脫千金之劍兮帶丘墓。」（《新序・節士》）

解說

這則故事所牽涉的是情緒管理的課題，因為：

1. 季札與徐君有朋友之情。
2. 徐君對寶劍懷著擁有的慾望，但基於自尊，不便明言，這是情緒上的隱忍。
3. 季札有奉獻的心理，但基於出使的任務尚未完成而不便奉獻，這是情緒上的克制。

到此時為止，季札尚未面臨任何情緒上的壓力；但是徐君一死，情境已變，季札即面臨以下的壓力結構：

1. 對象已死，無法完成心中先前自訂的承諾，他自認為是欺罔良心。

2. 依替代作用，以繼位的嗣君為替代對象，但替代對象不願接受，使他依然無法化解壓力結構。

所以季札只好退而求其次，以徐君之墓作為替代對象，拿寶劍作為祭品，一來可以告慰死者在天之靈，二來可以解除心中承諾所帶來的壓力，也算是成功的情緒管理。

至於寶劍最後落入何方已不是重要的問題，因為以季札的身分地位而言，一把千金寶劍能換來徐人的歌頌是絕對值得的。

04

申包胥 秦廷乞師

德．歌德《浮士德》：「神聖的意念屬於不屈服的心，一切的福利歸諸戰鬥的人。」

引子

想談申包胥，必須先說伍子胥。

春秋時楚平王（公元前五二八～前五一六年在位）時，派伍奢、費無忌輔佐太子建，但費無忌卻不忠於太子。平王派費無忌到秦國為太子建迎娶新婦，發現秦女極美，就快馬回報平王說：「秦女美艷絕倫，大王可以納為己有，然後再為太子另尋妻室。」平王於是娶了秦女，而且極度寵愛，生下了軫（後來的楚昭王）。

費無忌因為以秦女迎合平王，心裡擔心一旦平王死去，太子建登基，將會殺害自己，於是日夜詆毀太子，說他在外帶兵，又結交諸侯，即將叛亂。平王大怒之下，囚禁伍奢，又派人去刺殺太子建，太子建聞風逃奔宋國。

接著，費無忌想誅除異己，斬草除根，就向平王獻計，以伍奢為人質，要伍奢招來伍尚、伍員（伍子胥）兩個兒子。結果伍尚為人仁孝，明知此去必死，還是去陪父親被殺；而伍子胥則是抱著復仇之心，逃奔宋國，追隨太子建。

後來，伍子胥輾轉來到吳國，輔佐吳王闔閭，在公元前五〇六年大破楚國，攻入郢城。當時楚平王已死，楚昭王逃亡國外。

故事

伍子胥與申包胥原本是朋友，伍子胥逃亡前，對申包胥說：「我一定要滅掉楚國。」申包胥則說：「我一定會保全楚國。」

到了吳國軍隊攻入楚國首都郢城時，伍子胥四處搜捕楚昭王。但昭王已經逃亡，搜捕不及，只好挖掘平王的墳墓，取出平王的屍體，鞭打了三百下才作罷。

申包胥當時逃入山中，派人對伍子胥說：「你報仇的方法實在太過分了！我聽說人多勢眾，一時之間固然能以凶暴取勝，但上天終究會降禍以破除凶暴。你原本是平王的臣子，曾經親自事奉過平王，現在竟然屈辱死者，簡直不顧天道到了極點！」

伍子胥則對傳話者說：「你代我向申包胥謝罪，就告訴他說：『我因日暮途窮（平王已死，昭王逃亡），所以才倒行逆施。』」

於是申包胥就向秦國告急，求救於秦國，但秦國不答應。

申包胥站在秦國朝廷之中，晝夜哭號，連續七日七夜不絕其聲。

秦哀公於是動了惻隱之心，說道：「楚國雖然無道，但有這麼忠誠的大臣，怎能不出手救援呢？」就派了五百輛兵車去救楚擊吳，最後擊敗了吳國。（《史記・伍子胥列傳》）

解說

伍子胥與申包胥由好友變成敵人，但相互對待的態度還是保持直言不諱的君子風範。只是兩人因行為目標不同，處境各異，所以情緒管理的方式也各有差別。

就伍子胥而言，他的情緒管理，在心理學上的解釋是：

1. 合理化作用。申包胥罵他「屈辱死者」、「不顧天道」，而他則將情緒合理化為「日暮途窮，所以才倒行逆施」。

2.替代作用。伍子胥的情緒或動機，原本是以平王為目標，但因平王已死，故轉而以昭王為替代目標；而昭王出奔，只好又改以平王之屍體為替代目標。

就申包胥而言，他的情緒表現是經過管理的，其方式是：

1.固守目標。在伍子胥逃亡之前就已宣示護國的決心。

2.選擇對象。選定強大而能夠動之以情的秦國。

3.層遞增強。先是口語求援，無效之後，繼之以日夜哭號（《新序》更強調他「水漿不入口」）。

4.堅持到底。所以哭號之聲七日七夜連續不絕，而且是站著哭，不是坐著哭，更不是躺著哭，心意之堅定，可想而知。

05 陶朱公　樂天知命

《新約・馬太福音十六章二十六節》：「人若賺得全世界，賠上自己的生命，有什麼益處呢？人還能拿什麼換生命呢？」

引子

越王句踐在范蠡、文種輔佐之下，經歷長期的生聚教訓，於公元前四六五年攻破吳國，吳王夫差自殺。

范蠡心知句踐只能與人共患難，無法與人共安樂，自己在盛名之下，必然難以在越國長久生存，就帶著珠玉細軟，與隨從及家眷遁入外海。

到了齊國，范蠡改名換姓，自稱「鴟夷子皮」，耕作於海邊，結果經營有術，積財數十萬。齊國人知道范蠡十分賢能，就任命他為丞相。范蠡則嘆著氣，說道：「家居能積財千金，出仕能位致卿相，這已是平民經營的極致。但久受尊名，終究不祥。」於是退還相印，盡散家財，分與鄰里友人，帶著珍寶，由偏僻小徑遁走。

後來，范蠡落腳在陶（今山東定陶縣西北）。他認為此地位處天下要衝，是貿易絕佳之地，可以致富。於是自稱為「陶朱公」，父子相約，努力耕畜，並且依節氣時令做起生意。不久之後，又積財無數。

朱公住在陶，又生了小兒子。小兒子長大之後，朱公的次子因為殺人，被楚國囚禁。朱公說：「殺人本該償命，但我聽說富貴人家的子弟是不會棄屍刑場的。」就要求小兒子前往楚國探望。他先命人用布包裝入黃金千鎰（一鎰二十四兩），抬上牛車，然後叫來小兒子。這時朱公的長子堅決要求前往楚國，朱公不答應。長子說：「家中長子必須扛負重任。如今弟弟有難，竟然不派長子，卻派么兒前去處理，顯然是認為我不肖。」就想自殺。朱公夫人心生不忍，就為長子求情：「現在如果派老么去，未必能救回老二，但卻會先失去老大，怎麼辦呢？」朱公不得已，只好讓長子負責營救的任務，臨行前又拿出一封信給長子，要他面交以前的好友莊生，然後叮嚀說：「一到楚國，就將黃金送到莊生家，任由他處理，千萬不要與他爭論任何事。」長子出發時不放心，自己又私帶了許多黃金。

愛子心切，朱公當然不例外，但是他為什麼不願指派企圖心強烈的長子呢？

故事

朱公長子來到楚國，找到了莊生家。莊生家靠近外城，十分貧窮。朱公長子依照父親的交代，將書信、黃金面交莊生。莊生說：「你趕緊離開，千萬不要逗留，如果弟弟被釋放出來，也不要問為什麼！」朱公長子離開之後，未依莊生的交代，竟然留了下來，並將私下帶來的黃金獻給一位楚國的權貴。

莊生雖然貧窮，但以清廉正直聞名於楚國，自楚王以下無不尊崇他。他對妻子說：「這是朱公送來的黃金，不要動它。我不想收，但如不暫時收下，人家會不放心，只好留到將來再送還了。」可惜朱公長子並不知情。

莊生找個機會入見楚王，說道：「現在某某星停在某某方位，對楚國是不利的。」楚王向來信任莊生，就問道：「怎麼化解呢？」莊生說：「只有施行仁德可以化解。」楚王說：「先生退下吧！寡人知道怎麼做了。」就派人封藏三錢之府（存放各種錢幣的庫房）。

次日，那位楚國權貴十分訝異地告訴朱公長子：「大王即將大赦。」朱公長子說：「怎麼知道的呢？」權貴說：「每次大赦之前，大王都會命人封藏三錢之府，以防備他人預知大赦而先偷竊。昨夜大王已命人加以封藏了。」

朱公長子認為楚王本來就要大赦，弟弟理當被釋放，那麼一大筆黃金放置在莊生家裡，也沒發生作用，十分可惜，就再度去見莊生。莊生大為驚愕，說道：「你沒有離開嗎？」朱公長子說：「沒有！我原先是為了弟弟來的，如今弟弟將被赦免，所以來向先生辭行。」莊生知道他是想取回黃金，就說：「你自己入內取回金子吧！」朱公長子就取回了黃金，並且慶幸失而復得。

莊生認為已被晚輩玩弄，就入見楚王，說道：「臣子前次提到某某星的事情，大王說要施行仁德加以化解。可是臣子外出時，路人議論紛紛，都說陶朱公的兒子殺人，他們家人用金錢賄賂大王的左右親貴；所以大王想宣布大赦，並不是為了關心楚國，而是為了朱公的兒子。」楚王大怒道：「寡人德行雖然淺薄，但怎麼會為了朱公的兒子而刻意施惠呢？」就下令依法誅殺朱公的兒子。

執刑後的次日，楚王下達大赦令。朱公長子竟然是帶著弟弟的屍首回鄉。

回家後，朱公夫人、鄰里鄉親都極盡哀痛，唯獨朱公笑著說：「我早知老大會害死弟弟！他不是不愛弟弟，只是割捨不下錢財罷了！他從小就跟著我，吃過苦頭，知道謀生不易，所以捨不得花錢。至於老么，一出生就養尊處優，時常乘堅車、驅良馬，只會狩獵玩樂，哪知道金錢是怎麼得來的？所以捨得花錢，毫不在意。先前我想派老么去楚國，就是因為他捨得花錢。老大做不到，所以害死了弟弟，這是理所當然的事，不值得悲痛！我早就日夜等著次子的屍首回來呢！」

（《史記・越王句踐世家》）

解說

情緒管理事關生死，真是非同小可，而情緒管理又與人生經歷、人格特質息息相關。

就朱公長子來說，他的人生經歷主導了他的情緒管理。朱公轉換生涯規劃之後，長子追隨他耕稼、經商，必然歷經困頓，必然感受過致富之前的辛勞。他的財富等同於他的心血，他的人生信念已被制約成「一分耕耘，一分收穫」，所以他無法參透「片言隻語可以決定生死」的政治玄機。

就莊生而言，他的人格特質主導了他的情緒管理。他的人格特質在於「廉潔正直」的道德潔癖，有這種特質的人，最需要的不是財富，而是別人對他的尊重與信任。所以他翻雲覆雨的管理方式，只是為了平衡已經受損的自尊心。

其實最值得一談的是陶朱公，他看到次子的屍首竟然笑得出來，並不是因為他無情無義，而是因為他的情緒管理已經昇華到「樂天知命」的境界。怎麼說呢？

1.在越國，他位拜上將軍，但他深知句踐的人格特質，所以功成不居，遁隱江湖。不像文種不懂得「狡兔死，走狗烹」的事理，終被句踐殺害。

2. 在齊國，他棄相、散財，再度實踐「大名之下，難以久居」的信念。

3. 他能充分了解長子、幼子、莊生的情緒管理方式。

或許有人會問，為什麼陶朱公能了解長子的情緒，卻不能管理長子的情緒？為什麼不在事前做說明，卻在次子死後才做解析呢？其實這正是他由「盡人事，聽天命」昇華到「樂天知命」的依據。因為他深知：

1. 智者固然可以前瞻未來，常人卻多半事後追悔，這是天命中的常態，任誰也無法改易。

2. 殺人償命是理所當然的事，派人救援只是盡人事罷了。

最後陶朱公笑了，因為他經營政治可以位致卿相，經營商業可以聚財無數，如今他經營人生又已經「樂天知命」，他當然可以笑得出來。

06 伯牙 破琴絕絃

法．羅曼羅蘭《約翰．克利斯朵夫》：「有了朋友，生命才顯出它全部的價值。」

引子

莊子與惠施發生過激辯，互為對手；莊子諷刺惠施求名逐利，惠施批評莊子不近人情。但是莊子喪妻，惠施前往弔唁，惠施死後，莊子則是上墳致哀，所以他們必然是朋友，而且是交契甚深的朋友。

莊子為惠施送葬，來到惠施墓前，回頭對跟隨者說：「有個郢人將石灰塗在鼻端，薄得像蠅翼，要匠石將它砍掉，匠石揮斧如風，隨手就將石灰砍掉，鼻尖則絲毫無損，而郢人也面不改色地站在原地。宋元君聽說此事之後，命令匠石說：『你試著表演給我看。』匠石說：『臣的確曾經做過，但這是需要對手配合的，如今臣的對手已死了很久，臣無法再表演。』自從惠子死後，我就失去了對手，我再也沒有談話的對象了。」

「相識滿天下，知音無幾人」是人們喟嘆不已的事。朋友之間或許個性不同、興趣有別，甚至彼此經常針鋒相對，鬧得臉紅脖子粗；但是一旦對方遠離或死去，油然而生的將是悔恨與欷歔。何況如果是相交莫逆，一往情深的知音，哀痛之情又將如何呢？

故事

伯牙、鍾子期是春秋時代楚國的一對高士，伯牙善於彈琴，鍾子期善於鑑賞。

伯牙有次彈著琴，志在高山。鍾子期說：「善哉！琴意巍峨，一如泰山。」

又有一次，伯牙彈琴，志在流水。鍾子期說：「善哉！琴意廣闊，一如江河。」

伯牙心有所念，發於琴絃，鍾子期必然心領神會，深相交契。

有次二人遊於泰山之北，突遇暴雨，就暫棲山巖之下，伯牙悲從中來，就彈奏著琴。起初音調輕緩，如同連緜不斷的久雨，接著突然音調一變，奏出又急又重，一如山崩的聲音。每次彈奏，鍾子期都能曲盡琴趣。

伯牙於是放下琴，嘆著氣說：「善哉！善哉！你的鑑賞力真是高明！你心中的想像如同我

心，我的琴音逃脫不出你的想像啊！」（《列子・湯問》）

鍾子期死後，伯牙破琴絕絃，終身不再彈奏，因為他認為世上已經沒有知音了。（《說苑・尊賢》）

解說

每一個人都需要他人的注意與愛護，莊子、伯牙也不例外。

一個人如果過度看重自我，有強迫性的成功幻覺，刻意要求別人注意與愛護，這就有了自戀的傾向。希臘神話中的納西撒斯是個美少年，常自戀於自己在水中的影像，最後變成了水仙花；它依然俊美，但依然孤獨。

莊子、伯牙會不會是自戀呢？不是！

自戀者會有強烈的孤獨感，而且過度看重自我，但是卻恐懼承諾，不能與別人建立長久、密切的關係。

莊子、伯牙固然非常看重自我，在痛失對手或知音之後也表現強烈的孤獨感，但這份孤獨感是來自於「關係停止」，而不是無法建立關係。

個體與群體之間，如果關係失調，會造成情緒上的壓力，而「關係停止」更是一大打擊。常見的「關係停止」有喪偶、離婚、分居，它強迫使人接受分離後的孤單，強迫一個人忍受失去「依戀物」的痛苦。

失去對手，可以比擬於離婚；失去知音，可以比擬於喪偶。莊子喪偶，鼓盆而歌，是情緒的轉化與昇華；但墓前致哀，則是直接表達失去對手的悲痛。伯牙因痛失知音而破琴絕絃，是最自然而直率的情緒反應，他被強迫「認同孤獨」，那麼原本可以聯繫知音的琴絃，自然就成為他情緒投射的對象。

固然人們可以改變認同，另尋知音；但是人海茫茫，知音難覓，騷人雅士也就不免時興幽怨了。

07 莊子　鼓盆而歌

陶淵明〈形贈影〉：「縱浪大化中，不喜亦不懼。」

引子

如果孔子是入世的聖人，那麼莊子就是出世的隱者；如果孔子是風範雍容的教育大師，那麼莊子就是態度恣肆的創意巨擘。孔子教人立身處世，莊子卻教人勘破生死；孔子要人精益求精，莊子卻要人安時處順。

孔子的思想導演著後人的言行舉止，莊子的思想卻已滲透到後人的骨髓細胞。雖然孔子努力締造可以含納宗廟之美、百官之富的殿堂，但是莊子還是寧願成為曳尾泥澤、悠然自得的烏龜。

《史記》說莊子是蒙城（屬今河南商丘）人，曾當過漆園的小吏，與戰國梁惠王、齊宣王同時，他的學問幾乎無所不涉獵，但是歸源於老子，著書十餘萬言，但大都是寓言，而且他的言論「洸洋自恣」，所以王公大人都不能認同。

《史記》有五十六萬餘字，但只花二百餘字介紹莊子，或許是因為莊子是謎樣的人物，所以有謎樣的生平。如果孔子是大庭廣眾之中萬人瞻仰的雕像，那麼莊子應該就是深山巨谷之內偶爾揚起的嵐煙，又何必多作介紹呢？

但莊子畢竟是人，他又如何勘破生死，如何昇華情意呢？

故事

莊子的妻子死了，惠施去弔唁，而莊子卻蹲坐著敲擊瓦盆，口裡唱著歌。

惠施說：「你與她共同生活，她撫養孩子，生命老去，如今撒手歸天，你不哭也就罷了，竟還敲著瓦盆唱起歌來，這不是太過分了嗎？」

莊子說：「不！不！原先她死的時候，我哪能不感到哀痛？但事後經過細想，她有生命之前原本是無生命的，而且不但是無生命，還無形體呢！不但無形體，還無氣息呢！後來在恍恍惚惚之間，發生沖盪雜揉，然後才有了氣息；有了氣息之後，再經過一番變化，才出現形體；有了形體之後，才又變化而有生命。如今她又經過變化而死亡，這種過程就如同春、夏、秋、冬，彼此交互遞演而已。她的人正安然地睡在天地圍成的大房子裡，但我卻在一旁號啕哭泣，仔細想一想，這實在是未能通達性命之理的行為，所以我就停止為她哭泣了。」（《莊子・至樂》）

解說

人生遭遇焦慮、恐懼、痛苦時，會產生「防衛機制」；而常見的「防衛機制」有壓抑作用、否定作用、替代作用、投射作用。

莊子情緒管理的功夫是採用哪一種作用呢？

莊子不曾壓抑自己的情緒（因為他也哀痛過），不曾否定妻子死亡的事實，不曾將情緒轉移到替代對象，也不曾將情緒歸因於別人。

所以我們只能說莊子的情緒管理是來自於理智作用與情意的昇華。

莊子用理智辨析有形體的生命是來自於恍恍惚惚的大自然，又必然會回歸恍恍惚惚的大自然，這是理智作用。

莊子先哀痛，再思索，然後鼓盆而歌，這個過程可以稱為情意昇華。

為什麼不說他是矯情？為什麼不說他是逃避？因為我們可以在他書中找到許多勘破生死的論點，例如：

1.「古之真人，不知說（悅）生，不知惡（厭）死。」（〈大宗師〉）

2.「方生方死，方死方生。」（〈齊物論〉）

3.「我怎麼知道死者不會後悔生前的貪生怕死呢？」（〈齊物論〉）

4.「上與造物者遊，而下與外死生，無終始者為友。」（〈天下〉）

5.「死生，命也。」（〈大宗師〉）

6.「死生為晝夜。」（〈至樂〉）

那麼，為什麼莊子可以鼓盆而歌呢？也許是悟道的喜悅，也許是慶賀妻子早他一步回歸自然吧！

08

平原君　殺人謝客

梁啟超《十種德性相反相成義‧自信與虛心》：「愈自重者愈不敢輕薄天下人，愈堅忍者愈不敢易視天下事。」

引子

有次孔子退朝之後返家，家人告訴他馬廄被火焚毀，孔子的反應是：「有沒有傷到人呢？」並未問到馬廄、馬匹的損失。

唐朝將領裴行儉曾請醫生配藥，藥方當中需要犀牛角、麝香二味珍貴藥材；送藥的人不慎將藥材遺失，就因恐懼而潛逃。

又有一次，朝廷賞賜裴行儉馬匹與新鞍，由令史護送。但令史在路上一路急馳，結果馬匹摔倒，新鞍破裂，令史畏罪，只好逃亡。

這兩個粗心大意的人，裴行儉都派心腹將他們找回來，說道：「你們難道是看輕我的度量？你們實在是錯了！」就待他們一如往昔。

裴行儉曾出征西域，大獲瑰寶。他手下的蕃族酋長、漢軍將士都希望一睹為快。裴行儉就設宴招待，並一一展示。

其中有一件瑪瑙盤，寬二尺多，紋彩絕俗。當時由軍吏王休烈捧著，一級級地爬上臺階，卻一不小心踩到衣服，結果人倒盤碎。王休烈頓時驚惶失措，叩頭流血。裴行儉卻笑著說：「你又不是故意的，何必如此呢？」臉上沒有絲毫憤怒的神色。

由孔子、裴行儉的事例看來，他們當然是氣度閎偉，但這種情緒管理的功夫其實與「價值取向」密切相關。以下請看一則足以與前文對照的事例。

故事

戰國四公子之一的平原君趙勝，是趙國公子，喜歡結交賓客，門下常有數千人。

平原君家的樓房臨近民宅，民宅當中有人跛腳，行走時蹣跚不便。平原君家有許多美人，住在樓上，其中有人看到跛者，就大笑出聲。

第二日，跛者來到平原君家，請求面見平原君，說道：「我聽說先生喜好結交士人，士人不遠千里而來，正是因為先生能尊崇士人而鄙視婢妾。我不幸有彎腰駝背的毛病，而府上的婢妾竟然譏笑我，我希望看到她的首級。」平原君笑著答應說：「好。」

跛者離開後，平原君笑著對左右說：「看看這個傢伙！竟能因為人家譏笑他，就要求殺我的美人，不是太過分了嗎？」所以始終未曾殺掉那個美人。

過了一年多，門下賓客漸漸減少，最後甚至離去過半。平原君覺得奇怪，就問道：「我趙勝對待各位未曾失禮，為何那麼多人離開我呢？」門下客當中有一人挺身而出，說道：「因為先生未殺譏笑跛者的美人，所以人們認為先生愛色而賤士，當然就紛紛離去。」

於是平原君只好斬了美人頭，親自登門向跛者謝罪。不久之後，先前離去的門下客又漸漸回來了。

當時齊國有孟嘗君，魏國有信陵君，楚國有春申君，彼此爭相傾其所有以待士人。（《史記・平原君虞卿列傳》）

解說

情緒語言寫在臉上，是騙不了人的。

情緒管理的功夫必須承受時間、世人的考驗。

就這個事例而言，我們可以看出世間的眾生相。

1. 美人看到跛者行走的異態，一時失聲而笑，雖然不仁，卻是世俗的常態。
2. 跛者受譏之後，當然心有未甘，但登門請求斬殺美人，對維護受挫的自尊心而言，是防禦過當，這可能是因生理缺陷導致的心理異常。
3. 跛者是一個既惡毒又偏激而且高明的情緒管理者，因為他洞悉人性，可以掌控他人的情緒。他在眾人面前挑起「士人」、「美色」之間的「分別意識」，正中平原君的要害。
3. 平原君所犯的最大錯誤不在未殺美人，而在於輕率地答應跛者，事後還不能履行諾言，甚至還在眾人面前輕侮跛者，其政治聲望的基礎自然因此而受損。
4. 門客的人數是平原君政治聲望的指標，當指標下降到平原君無法容忍時，他才訝異地追問原因，可見他警覺性太低。
5. 究明原因之後，平原君才被迫省察自己的「價值取向」，最後只好斬殺美人，以「棄小取大」的決策遷就他終極的行為目標。
6. 門下客則是一群易受挑撥的盲目群眾，因為他們看不出跛者防禦過當的情緒反應，又輕率地接受挑撥。

情緒管理的功夫竟然可以殺人於無形，實在可怕！另外，美人有過，但罪不至死，也不免令人浩嘆於人命之卑賤與女權之罔顧。

09 張儀　自信過人

英・赫茲里特〈論性格〉：「自信心有多強，能力就有多強。」

引子

一個人活著，是為了追求生活目標，而其後盾乃在於自信。

「愚公移山」是寓言，卻不是笑話。山再高，土再多，也是有限的，自信卻是無邊無盡的力量。

戰國時期由於周王室權力式微，諸侯競起，各自以富國強兵為發展的目標，封建時代舊有的階層觀念，以及一元化的政教意識都漸次鬆動。於是平民百姓也可能成為公侯將相，只要有才學有智能，各國都可能爭相延攬。

一國之君設定的目標是富國強兵，稱霸天下；一介策士設定的目標是位高祿厚，名利雙收。所以，這個時代是混亂的、功利的，卻也同時提供了許多前所未有的機會，只要一個人有能力，自然就可以闖出一番天地。

張儀就是其中一個具有代表性的人物。

張儀（約卒於公元前三〇九年）是魏國貴族的後代，公元前三二八年任秦惠王之宰相。執政時曾迫使魏國獻上郡，並助秦惠王瓦解齊、楚聯盟，奪取楚國漢中的土地，為秦國稱霸中原的目標奠下了厚實的基礎。

而張儀到底有什麼樣的人格特質？他又如何處理困境？如何面對自己的行為目標呢？

故事

張儀原先曾與蘇秦一起師事鬼谷先生，蘇秦自以為不如張儀。

張儀學成之後，游說諸侯。他曾經陪同楚國宰相宴飲，事後楚國宰相發現遺失了玉璧，楚相的門下客猜測是張儀幹的，就對楚相說：「張儀貧賤，品行不佳，一定是他偷了相君的玉璧。」於是他們就抓住張儀，將他鞭笞了數百下，但張儀始終不承認，他們也只好把張儀釋放了。

張儀回家之後，他的妻子哀聲嘆氣地說：「唉！你要是不讀書，不游說諸侯，哪會有這種恥辱呢？」

張儀卻岔開話題，對著妻子說：「妳看我的舌頭還在不在？」

妻子笑著說：「舌頭還在啊！」

張儀說：「那就夠了！」（《史記・張儀列傳》）

解說

這一段故事寫的不是張儀叱吒風雲、宰制諸侯的一面，而是他在功成名就之前的故事。他面對困阨，表現得毫不氣餒、沮喪，反而自信滿懷，似乎未來的世界即將在他三寸不爛之舌底下俯首帖耳，任他塗抹，任他雕塑。

這不是方術或謀略，而是情緒管理的功夫。

人類的智能是多樣化的，心理學家嘉納認為人有人際智能與內省智能，所謂人際智能是指能夠認知他人的情緒、動機，並做出適切的反應；所謂內省智能則是能夠認知自己的感覺，能夠分辨輕重緩急，並作為自己行事的依據。

嘉納固然是以「認知」為出發點，但他所謂的人際智能與內省智能，顯然已側重在情緒管理的能力上。

而耶魯的心理學家沙洛維更進一步將情緒管理的能力獨立看待，並且擴充成為認識自身情緒、妥善管理情緒、自我激勵、認知他人情緒、管理人際關係等五種能力。而這些能力就是所謂的ＥＱ。

現在，我們就藉著以上的基礎來辨析張儀的ＥＱ。

1.有威武不屈的意志。在受他人誣陷而又無力申辯的情況下，他唯有秉持絕不屈打成招的意志。

2.能分辨情緒的輕重緩急。他受到誤解，受到鞭笞，但事後的反應卻不是憤怒，更不是想報仇；因為他清楚地知道君子報仇三年不晚，在未有優勢的能力之前，小不忍則亂大謀。

3.具有充分的自信。在他受辱之後，妻子百般不忍，但他卻心平如鏡，充分認知自己的能力；在確定自己的舌頭還在時，十二萬分的自信心早已流溢而出，化為周匝一身的光芒，這是刀槍不入的鐵布衫，更是他日後鯉躍龍門，掌握秦國權柄，並且穿梭各國，折衝樽俎的最佳保證。

「自信心有多強，能力就有多強。」確實如此。

10 范雎　眷念綈袍

高適〈詠史〉：「尚有綈袍贈，應憐范叔寒；不知天下士，猶作布衣看。」

引子

范雎，戰國時魏國人，字叔，曾事奉魏國大夫須賈。須賈有次奉魏昭王之命，出使齊國，范雎是隨從之一。他們在齊國逗留數月，其間，齊襄王聽說范雎能言善辯，就派人賞賜范雎黃金十斤及牛、酒，范雎推辭不敢接受。而須賈知道之後，大怒，認為范雎將魏國的機密告知齊國，才能得到這些餽贈，就下令范雎接受牛、酒，而退還黃金。

回到魏國之後，須賈心中還是氣憤范雎，就將此事告知魏國宰相魏齊。魏齊大怒，命家僕杖打范雎，打得斷肋折齒，而范雎則裝死。魏齊命人用草席包裹范雎，放在廁所，讓府內賓客在酒後入廁時，任意在范雎身上撒尿，目的是在屈辱范雎，並且殺雞儆猴，讓他人不要胡亂說話。

范雎從草席之中對著看守廁所的僕役說：「先生要是能讓我出去，我一定重謝先生。」僕役就請示魏齊，說要將廁中的屍體移出去丟棄。魏齊當時酒醉，說道：「可以！」范雎這才逃脫出去。

范雎的人格特質是「一飯之德必償，睚眥之怨必報」，在受盡奇恥大辱之後，他死裡逃生，改名「張祿」，逃奔秦國，游說秦昭王，事後竟然官拜宰相，被封為應侯（公元前二六六年）。而在他志得意滿之後，他如何處理這段恩怨呢？

故事

范雎當了秦相之後，秦人稱他為張祿，但魏國人並不知道其中原委，以為范雎早就死了。魏國聽說秦國即將發兵東伐韓國、魏國，就派須賈出使秦國，目的是在游說、緩頰。

范雎聽說須賈來到秦國，就故意穿著破衣，走小路去賓館見須賈。

須賈見了范雎，吃驚地說：「范叔？你還好吧！」

范雎說：「是啊！」

須賈說：「范叔來秦國游說嗎？」

范雎說：「我前一陣子得罪魏國宰相魏齊，所以才逃亡到此，哪敢游說呢？」

須賈說：「如今你從事什麼工作？」

范雎說：「我受雇於人。」

須賈在神色之間對范雎有憐憫之意，就留他一起飲酒、吃飯，並且說道：「范叔竟然如此落魄！」信手取了一件綈袍（厚繒之袍）送給范雎。

須賈接著又說：「秦國宰相張君，你是否知道他的事？我聽說此人受秦王寵幸，大小事都取決於他。我的事也須由他斟酌呢！小伙子，你有沒有認識與宰相相熟的人呢？」

范雎說：「我的主人翁熟識他，只是我也得先請謁才能見到，屆時我一定為先生引見。」

須賈說：「可是恰巧我的馬疲病不堪，車軸又斷裂，如果沒有駟馬大車的話，我是出去不得的。」

范雎說：「願代先生向主人翁借取駟馬大車。」

范雎於是回府駕駛駟馬大車，然後親自為須賈執鞭，直接來到相府。相府的僕役一看，似乎心裡有數，都暫時迴避，須賈心中甚覺訝異。

到了門口，范雎說：「請稍待，我先去為先生通報。」

須賈等了很久，就問看門的侍者：「范叔為什麼不出來呢？」
侍者說：「沒有范叔這個人啊！」
須賈說：「就是剛才與我同車的人啊！」
侍者說：「那是我國宰相張君。」
須賈大吃一驚，心知被騙，就袒露上身，在侍者通報下，以膝代足，跪著走進去陪罪。
范雎則大張帷幕，在眾多侍從之下接見須賈。
須賈叩頭，直稱死罪：「沒想到先生能處於青雲之上，須賈不敢再讀天下之書，不敢再參與天下之事，我有萬死不赦之罪，願自棄於蠻荒之地，由先生決定我的生死。」
范雎說：「你有多少罪？」
須賈說：「擢髮難數。」
范雎說：「你有三條罪！你以前認為我與齊國勾結，而在魏齊面前詆毀我，這是第一條罪。當魏齊將我放入廁所挫辱時，你未阻止，這是第二條罪。賓客在醉後對我撒尿，你怎麼忍得下心？這是第三條罪。但是我不殺你，因為你『綈袍戀戀，有故人之意』，所以我放你走。」
事後，范雎入宮奏報秦王，決定讓須賈回國。
須賈辭行時，范雎設下大排場，遍邀各國駐秦使節，又將須賈安排在堂下，為他準備馬吃的飼料，命兩個臉上刺字的囚犯夾著他，像餵馬一般餵他吃飼料，然後大聲斥責說：「替我告訴魏王，趕緊送魏齊的首級來，否則我將屠戮大梁（魏都）！」（《史記・范雎蔡澤列傳》）

解說

范雎有恩必償，有怨必報，而須賈自動送上門來，豈有不報仇之理？但范雎能由亡命之徒而官拜宰相，情緒管理的功夫自然有他的特色。

1. 須賈原是范雎的主人，范雎對他必有一定的認知和情誼。
2. 結怨的初因，是出於須賈對范雎的誤解與嫉妒，仇怨較輕。
3. 范雎不能輕率地以私人仇怨妄殺他國的使者，所以先行試探與戲弄。
4. 須賈先是表現故人之情，贈以綈袍，而後頓首請罪，多少可以勾動范雎的惻隱之心。
5. 仇怨有輕重之別，所以對須賈極盡侮辱之後，予以放回。
6. 留下須賈一命，要他帶話回國。事後魏齊果然畏禍逃亡，最後仍舊自殺。

另外，范雎必然是配合秦昭王稱霸天下的心理才能威脅魏國，否則藉公權以報私仇，是任何國君都無法容忍的事。所以范雎的情緒管理固然手段激烈，卻是出於理性的設計。

11

來俊臣 請君入甕

美·羅斯福：「恐懼是世界上最能摧折人心的一種情緒。」

引子

你用什麼伎倆對付人，別人也可能用這種手段對付你。所以要明哲保身，最好的辦法是安分守己，不露鋒芒。

話說唐朝的來俊臣、周興都是有名的「酷吏」，其中來俊臣更是狠毒。來俊臣與其屬下朱南山、萬國俊作了一篇〈羅織經〉，專門記載如何羅織嫌犯的罪狀。存心不良，由此可見。

來俊臣審訊犯人，不問罪刑輕重，一律用醋灌鼻子、關地牢，或叫人睡又髒又濕的地方，或斷絕囚犯的口糧，大抵上，囚犯不死是出不了監獄的。他特別製作特大號的刑具——大枷，而且各有名目：一、定百脈，二、喘不得，三、突地吼，四、著即臣，五、失魂膽，六、實同反，七、反是實，八、死豬愁，九、求即死，十、求破家。真是喪心病狂。

而周興，也不是好東西，不僅枉判訴訟，且曾妄殺無辜數千人。他後來落入來俊臣手中，自然沒什麼好下場。我們就來看看這場好戲吧！

故事

周興，從小就學法律，原本擔任尚書史的職務，後來調遷為秋官侍郎（司法官員），常判決訴訟案件。判決書的文字嚴峻刻薄，曾妄殺無辜達數千人之多。

武則天奪權後，周興當尚書左丞，上奏建議撤除唐朝宗室李姓皇族的名籍。當時左史江融當官頗有美名，周興指他與徐敬業同謀造反，要處死他。

臨刑時，江融要求晉見武則天，周興不答應，江融罵他說：「我死得不明不白，即使作鬼也不會饒你。」說完就被處斬了。當時屍體竟然還奮力前行，被劊子手踢倒；倒了三次，又爬起三次。（真慘！）

天授年間，有人告來子珣、周興、丘神勣陰謀造反，朝廷下令由來俊臣負責訊問。一開始，周興不知自己已被告了，正與來俊臣對坐、吃飯。

來俊臣說：「要是囚犯不肯認罪怎麼辦？」

周興說：「簡單！把他裝進大甕，周圍用大火將炭燒熱，哪有不招供的？」

來俊臣說：「好。」就命人搬來大甕，燒了大火，然後慢慢地對周興說：

「朝廷有令，要我審訊你，請君入甕試試吧！」

周興嚇得全身冒汗，叩頭認罪。（《新唐書・酷吏列傳》）

解說

「惡馬惡人騎」、「菜蟲吃菜菜下死」，實在有其道理。由以上的故事，我們可以看出來俊臣所用的技巧，就是「以其人之道，還治其人之身」，所釋放的信息就是根源於人性深處的「恐懼」。要運用得當，以此事為例，須有下列幾項特定條件：

1. 對方不知道我方之虛實。周、來二人是朝廷的同僚，來俊臣在周興毫無防備的情況下，更容易得手。
2. 預設圈套，套出我方所要的方法。
3. 毫不猶豫，毫不留情；你狠，我比你更狠。

12 包拯 棄絕私交

《韓詩外傳・卷六》：「公道達而私門塞，公義立而私事息。」

引子

「大夫無私交」的意識形態至少有三層意義，一則是國君怕大夫勾結、串聯、造反，二則是大夫怕徇私、舞弊，三則是大夫怕自己受到牽連而入罪。

其實這是一種不合人性的情緒管理方式，因為情緒勢必受到政治的壓抑。情緒需要受理性、道德、法律、政治……等的制衡，並不需要單方面的壓抑，而從屬於某種規範。但是受限於時代背景，與個人的立場，正常的情緒必然受到相當程度的屈抑。

故事

包拯（公元九九九～一〇六二年）字希仁，廬州合肥（在今安徽）人，考上進士之後，擔任大理評事（刑部僚佐），不久外放為建昌縣長，但因父母年老，婉辭而不就任。接著，改調至和州（今安徽和縣）監稅，父母又不願隨行，包拯就解官歸養雙親。

過了幾年，雙親相繼亡故，包拯廬墓守喪，喪期終了時，還徘徊不忍離去。經鄉里父老數度勸勉之後，他接受朝廷調派，赴天長縣（屬今安徽）主持縣務。當時有人偷割一戶人家牛隻的舌頭，苦主到縣府申訴，包拯說：「你回家把牛殺了，賣掉吧！」不久，縣府接獲報案，說有人私宰牛隻，包拯就對報案者說：「你為什麼偷割牛舌又要告人家？」報案者當場嚇得服罪。

過了一陣子，包拯遷調端州（屬今廣東）。端州生產名硯，以前太守藉著入貢的名義，都會搜刮數十倍於供品的硯臺，用來結交當朝權貴。而包拯則依貢品數量命人製作，決不多取，任期屆滿時，連一方硯臺也未曾帶走。

包拯陸續擔任過監察御史、天章閣待制（負責草擬詔書）、龍圖閣大學士……等職務。後來，遷任江寧府（今南京市）尹，並兼行開封府（北宋首都）尹。包拯在朝為官剛毅正直，貴戚、宦官都因此而大為收斂，大臣、強豪也都對他十分顧忌。包拯神情嚴肅，不苟言笑，所以人們說要看到他笑，跟看到黃河澄清一樣的難。當時開封無論是童稚、婦女，都知道包拯的大名，稱他為「包待制」。京城也流傳歌謠，說：「關節不到，有閻羅、包老。」

依照舊規，有事訴訟也不能直入開封府庭院，而包拯卻敞開大門，使訴訟者能直接上前陳訴是非曲直，所以僚吏都不敢有所欺瞞。

包拯個性嚴厲、正直，厭惡僚吏苛刻的態度，而務求敦厚。雖然嫉惡如仇，但一向秉持忠恕的作風。為人耿介，不會苟且迎合他人，更不會巧言令色。平常與人沒有書信聯絡，與親戚、朋友都斷絕來往。雖然地位顯赫，但生活飲食、衣物都像平民一般。他曾說：「後代子孫當官，如有貪贓枉法，一律不得回歸本家，死後也不能入葬祖墳。不照我的意思做，就不是我的子孫。」

（《宋史・包拯傳》）

解說

包拯就是包青天，史有其人；嫉惡如仇，不畏權勢，秉公斷案，鏟奸除邪，也是史有其事。但是將他奉若神明，說他靈通陰陽二界，甚至死後職司閻羅，則是附會其辭。這是憤見不平，企求正義的心理投射；包拯不苟言笑、嚴厲正直的形象，恰好可以塑造成正義之神。

包拯是個好人，是個好官。嫉惡如仇的個性，秉公斷案，為民除害的自我期許，加上外界對他「關節不到，明鏡高懸」的認定，已經由內而外，又由外而內，將他鍛造、固化成為法律、正義的同義體。但是，在正直的形象被樹立的同時，他卻喪失了溫馨的私生活。

包拯原本也有至情至性，為了事奉雙親，可以解官孝養，鄉里父老也對他敬愛有加。但是公職生涯及責任所塑造的情境，卻使他斥退私交，斷絕六親。

原先，包拯有個兒子包繶，取妻崔氏，曾任職於潭州（今湖南長沙市），但不幸早死，崔氏守節，未嘗改嫁。包拯曾因故趕走崔氏陪嫁的丫鬟，當時這丫鬟已有身孕，卻還是只能回娘家生產。崔氏在暗中照顧他們母子，體貼入微。包繶死後，才把孩子接回，取名包綖。

包拯地位顯赫，但生活起居一如平民般的儉樸，這是內斂的情緒管理。而他趕走陪嫁的丫鬟，必然是因為她有行為上的瑕疵，但這只是家務上的私事，有沒有必要在她懷孕的時候，做出如此嚴厲的情緒管理呢？

如果不是包拯的媳婦，包家就可能斷絕後嗣。屈抑的情緒管理，代價竟然如此之高。

13 呂太后　哭而不悲

德・歌德《歌德的格言和感想集》：「感官並不欺騙人，欺騙人的是判斷力。」

引子

呂太后足智多謀，但胸懷褊小，醋勁十足，心腸狠毒，而且貪婪擅權；在漢高祖、漢惠帝死後，曾稱制八年。

呂太后名雉字娥姁，她的父親呂公是單父（屬今山東）人，與沛令（沛縣的縣令）是至交，為了避仇，就遷居於沛（屬今江蘇）。

沛中豪傑聽說沛令有貴客來訪，都前往道賀。蕭何那時擔任沛的主吏，負責收受賀禮，他向大家宣布說：「賀禮不滿一千錢的，坐在廳堂下方。」劉邦當時是亭長，素來就與府中的佐吏相熟，他一到就騙說交納賀禮一萬錢，其實一錢未出，卻大搖大擺地進入大廳。呂公一聽有人如此大方，十分驚訝，急忙起身相迎。呂公平日喜歡「相人」，看到劉邦狀貌不凡，就更加敬重，引他入座。

蕭何在座，說道：「劉季（劉邦字季）喜歡說大話，卻難得辦成事情。」劉邦不顧蕭何的揶揄，逕自與在場的賓客飲酒笑謔，然後坐上了上座，毫不謙讓。

飲酒盡興之後，呂公以眼示意，請劉邦留下。所以劉邦在酒宴結束之時，留了下來。呂公這才說道：「我年少以來就喜歡為人看相，已經相人無數，但從沒有人比得上你，希望你能自愛。我有個女兒，願意許配你、伺候你。」

事後，呂公的妻子呂媼對著呂公生氣地說：「你原先看好自己的女兒，說要許配貴人。沛令與你是至交，他來求婚，你不答應，為什麼現在就胡亂許配給劉季？」呂公說：「這是妳們女人不懂的事！」結果還是將女兒許配給劉邦，婚後則為劉邦生了漢惠帝劉盈及魯元公主。

一個貪婪善嫉的人，一旦掌握權勢，最容易顯露偏邪的心態，因為地位可以使他肆無忌憚，而權勢則方便他殘殺異己，呂太后就是典型的人物。她輔佐高祖劉邦平定天下，誅殺大臣，出力甚多；但這是在掌權之前，可以說是為公不為私。那掌權之後呢？

故事

公元前一九五年四月，高祖劉邦駕崩，太子登基，是為惠帝。劉邦有八個兒子：長男劉肥，是曹姬所生，庶出，封為齊王；次子劉盈，是呂后所生，立為太子；戚夫人之子劉如意，封為趙王；薄夫人之子劉恆（文帝），封為代王；其他嬪妃之子如劉恢封為梁王，劉友封為淮陽王，劉長封為淮南王，劉建封為燕王。

呂太后最怨戚夫人及趙王如意（劉邦原欲廢太子，改立如意），在惠帝即位之後，就將戚夫人囚禁在永巷之中，而後召趙王進宮。傳令的使者去了趙國數次，都不得要領，趙相建平侯周昌對使者說：「高祖將趙王交由臣子輔佐，是因趙王年少。我聽說太后怨恨戚夫人，想召趙王入宮加以殺害，所以我不敢讓趙王前去。而且趙王生病，無法奉詔入宮。」

太后大怒，就派人召趙相周昌入宮。周昌來到長安之後，太后再下令召趙王入宮。趙王只好動身出發，前往長安；尚未入宮時，惠帝仁慈，知道太后怨恨，就親自到長安城外的霸上迎接趙王，與他一同入宮，陪著他飲食起居。太后想殺趙王，卻找不到機會。

公元前一九四年十二月，惠帝一清早就出外射箭，而趙王年少，無法早起，就留在宮中。太后聽說趙王獨居在宮，就命人用毒酒酖殺了趙王。黎明時，惠帝回宮，但趙王已死。

不久，太后又命人斬斷戚夫人的手腳，挖掉眼珠，薰聾雙耳，灌食啞藥，並將她留置在廁所之中，稱她為「人彘」。

過了幾天，太后竟然召惠帝到廁中觀看「人彘」。惠帝看過之後，一追問才知那就是戚夫人，於是號啕大哭，繼而罹患重病，一年多無法起身。然後派人對太后說：「這是非人所為的事，臣是太后之子，無法治天下。」惠帝從此就飲酒淫樂，裝病不聽朝政。

公元前一九三年，楚元王、齊悼惠王來朝。十月，惠帝陪著齊王與太后宴飲，惠帝認為齊王是長兄，所以安排齊王坐上位，比照一般家庭的禮儀。太后大怒，令人酌了兩杯毒酒，放在二人面前，要齊王向太后敬酒祝賀。結果齊王起身取酒，惠帝也起身取酒，想一併向太后敬酒祝賀。太后這時心中恐懼，就捧住惠帝的酒杯。齊王心中起疑，就不敢喝酒，假裝酒醉，告退而去。事後一問，才知是毒酒，齊王恐懼之下，認為已無法離開長安。齊國內史就對齊王說：「太后只有生下惠帝與魯元公主。如今齊國有七十餘城，公主的食邑不過區區數城而已。主上如果獻出一郡給太后，作為公主的食邑，太后一定會高興，那麼主上也必然會了卻憂患。」於是齊王就獻上城陽郡（今山東莒縣），並尊公主為王太后（魯元公主的兒子張偃被封為魯王，故公主得為王太后）。呂太后很高興地接受了，然後在齊王府邸設宴，樂飲，宴罷，就讓齊王回去封地。

公元前一八八年八月，惠帝駕崩，發喪，太后哭，但未流淚。留侯張良的兒子張辟彊當時是侍中，年紀才十五歲，他對丞相（王陵為右丞相，陳平為左丞相）說：「太后只有惠帝一個兒子，如今惠帝駕崩，太后哭而不悲，丞相知道太后的心意嗎？」丞相說：「什麼心意？」張辟彊說：「惠帝並無年長之子，而且太后畏懼大臣。各位如今應當請求太后拜呂台、呂產、呂祿為將，讓他們率領南北軍，並且由呂氏諸人入宮，各居要職，這麼一來，太后必然心安，各位也才能免除災禍。」丞相就依張辟彊之計行事。太后心中喜樂，才哭得哀痛。

呂氏掌權，由此開始。不久，朝廷大赦天下。九月，葬惠帝。太子即位為帝，但號令完全由太后發布。（《史記・呂太后本紀》）

解說

不論是在惠帝生前或死後，呂太后都是權力場上的大贏家。惠帝對太后而言，有時只是梯墊、棋子與工具，有時則是絆腳石，因為惠帝畢竟賡續著劉氏的血統與政統。惠帝一死，親子之誼可以移轉於諸呂子弟；而劉氏血統與政統由此中斷，更可以肆無忌憚地建構呂氏王朝。

如果以情緒管理的觀點來審視這段權力鬥爭，情緒語言的強弱，正好與太后母子權勢的強弱成正比。

就惠帝而言，他只能仰太后之鼻息，情緒管理的對象只有自己本身。

1. 怕趙王如意被害，只能採取低調，先親自迎接趙王，而後陪趙王飲食起居。

2. 趙王被害之後，觀看人彘，隨即大病，年餘不能起身，這是「轉換失調」的症狀；即由心理受創，轉化為生理失調。

3. 陪著齊王捧起毒酒向太后敬酒祝賀，則是心理上的「代償作用」，一方面為自己的無能作補償，一方面為爭無可爭作無言的抗告。

4. 縱酒淫樂，不視朝政，則是心理上的「逃避作用」與「退化作用」，因為無力與太后抗衡，在防禦機制上，只好採取退縮式的情緒管理。

就太后而言，赤裸裸地表現稱制的野心，情緒管理的對象決不是自己，而是異己、惠帝與朝中大臣。

1. 想殺戚夫人與趙王，是心理上的「報復作用」，報復劉邦生前對他們的鍾愛。

2. 凌辱人彘、酖殺趙王的手段，是防禦機制中最強力、最冷酷的反應。

3. 對誅殺異己的企圖毫不隱諱，是絕對的狂妄；在心理上，是絲毫不顧理性機制、道德機制的情緒反應。

4. 召惠帝觀看人彘，是劃分親子關係與異己的手段；在心理上，是變態的情緒管理，因為她已抹煞了社會集體意識所建構的人性常態。

5. 惠帝駕崩，太后「哭而不悲」，張辟彊作了正確的解讀。在太后的心理上，惠帝的死亡，是工具性作用的剩餘價值。

呂太后誅殺異己，稱制天下，是歷史上的異數。而張辟彊少年睿智，正確解讀太后的情緒語言，也是異數，真不愧是謀臣張良的傳人。

另外，在丞相依張辟彊之計行事之後，太史公寫道：「太后心中喜樂，才哭得哀痛。」寓諷刺於寫實，讀史者怎能不撫卷欷歔呢？

14 趙昭儀　妒殺帝子

駱賓王〈討武盟檄〉：「燕啄皇孫，知漢祚之將盡。」

引子

漢代童謠：「燕飛來，啄皇孫。」說的是趙飛燕殘害皇子，其實最不可赦的是漢成帝與趙飛燕之妹趙合德。❶

漢成帝本來就是庸懦無能的好色之徒，所以《資治通鑑．漢紀》就說他：「上（成帝）自為太子時，以好色聞。」

至於趙飛燕，本來是長安的官婢。據說她剛出生時，父母不想養她，但餓了三天竟然不死，

❶野史《飛燕外傳》說趙飛燕妹名叫「宜主」、「合德」。

只好加以撫育。長大之後，被配發到陽阿公主家學歌舞，稱為「飛燕」。漢成帝曾經微服外出，在陽阿公主家宴飲作樂，見了趙飛燕之後，極為喜悅，於是召她入宮，大加寵幸。趙飛燕有個妹妹，名叫合德，也受召入宮，二人都受封為婕妤。

當時許皇后已經被廢（涉嫌詛咒後宮，令人不能生育），成帝想立趙婕妤為后。但皇太后嫌她出身卑微，加以阻攔。太后姊姊的兒子淳于長則居中協調，經數度往來傳話之後，太后勉強同意。於是成帝先封趙飛燕的父親為成陽侯，藉以提高身分；一個多月以後，就將趙飛燕由婕妤晉封為皇后。

趙飛燕被立為皇后之後，受寵的程度略見衰弛，而妹妹則受到極度的寵愛，因此也被改封為昭儀。她們住在昭陽舍，殿庭之裝潢極盡奢華之能事，以彤朱、髹漆、黃金、白玉、明珠、翠羽作裝飾，有後宮未嘗出現的絢麗。趙氏姊妹專寵十餘年，都不曾生育。

而皇后、昭儀膝下無子，卻容不得其他後宮嬪妃生育。

故事

許美人（許皇后被廢為美人）原先被安置在上林苑的涿林館，後來數度受召御幸。

公元前十一年，許美人懷孕，同年十一月生產，成帝命宦侍靳嚴送了許多補品與補藥去給許美人。

不久，于客子、王偏、臧兼等人聽到趙昭儀對成帝說：「你常常騙我說從中宮（皇后所居）來，如果是去中宮，那許美人怎麼會生孩子？母以子貴，難道許氏要復位為皇后？」趙昭儀一邊抱怨，一邊搥打自己，用頭撞壁、撞門柱，又從床上撲落地面，哭泣不停，不肯進食，說道：「現在應當要安置我吧，我想回去！」

成帝說：「今天朕特地來告訴妳這件事，沒想到妳反而生氣，早知道就不說了。真是搞不懂妳！」於是也不用膳。

趙昭儀說：「陛下既然自認為沒做錯，為什麼不吃飯？陛下常說不會辜負我，但如今許美人已生了兒子，顯然已經負約了，還有什麼好說的？」

成帝說：「我們的約定是立趙氏，所以我不立許氏為后。我不會讓別人有高過趙氏的地位，不要憂慮！」

後來成帝下詔，派靳嚴送一封用綠囊包住的信給許美人，並且告訴靳嚴說：「美人應當會有東西給你，你拿來之後，就放在飾室裡戶簾的南邊。」許美人果然用一只盒子裝著一個嬰兒，又將回信裝入綠囊，一併交給靳嚴。靳嚴依指示，將盒子及綠囊放在戶簾之南，然後就離開了。

成帝與昭儀坐在室內，要于客子打開盒子及綠囊。不久，成帝令于客子、王偏、臧兼出去，然後自己關上門，只與昭儀獨處。

過了一下子，成帝打開門，叫于客子等人入室，要他們將盒子封好，推置在屏風東邊。接著，喚來中黃門（宦者）吳恭，要他將盒子及一封詔書（上頭都有御史中丞的封印）交給掖庭獄丞籍武。吳恭依令行事，交給籍武，籍武看詔書寫著：「告武：盒中有死兒，埋入祕處，勿使人知。」籍武就在獄樓牆下挖了一個洞，將死兒埋入其中。（《漢書・外戚傳下》）

解說

公元前十一年五月，當過掖庭令的吾丘遵曾對籍武說：「後宮御幸生子的都被害死，被迫吃藥墮胎的更是不計其數。」❷

成帝只活了四十六歲，他既是皇太后的獨子，又是維繫漢朝命脈的帝王。照理說應當求子若渴，後宮生子必然視為拱璧奇珍，但他卻不如此，竟然忍得下心殺害自己的骨肉。這件弒嬰案，不論他是主事者或是幫凶，都是不易理解的。

或許從情緒管理的觀點才可以為成帝不近人情、庸儒無威的行徑理出一些頭緒。

就成帝而言：

1. 在心理學上，成癮性的戀物狂就是情緒管理的致命傷。而成帝必然有成癮性的戀慾狂，甚至可能死於縱慾過度。❸

2. 趙昭儀是唯一能滿足成帝需求的對象，而且是無可替代、業已成癮的依賴者。❹

就趙昭儀而言：

1. 她完全了解，並能充分滿足成帝的需求。

2. 她完全了解，並且充分掌控成帝的情緒。所以成帝可以將許「皇后」貶為許「美人」，但面對昭儀的哭泣、吵鬧卻一籌莫展，甚至最後還屈服於昭儀，害死了自己的骨肉。

色不迷人人自迷，妖媚惑人，始於自己無法掌控的慾念；所以不能光說尤物以色傾國，而應說是國君好色誤國。

---

❷《漢書．外戚傳下》又記錄另一件成帝殘害骨肉的事，即公元前十二年，宮女曹宮受幸生子，曹宮被迫服藥自殺，而其子則不知去向。

❸《漢書．外戚傳下》是把成帝的死因寫得像是中風：「帝素來強健，無疾病……晚上還好好的，快天亮時，穿褲、襪，想起身，衣服卻掉落地面，說不出話來，不久就駕崩了。」

❹依《飛燕外傳》，成帝稱趙昭儀為「溫柔鄉」，而且說：「我願老死在溫柔鄉，不能效法武皇帝那般追求白雲鄉（仙鄉）。」

15 禰衡　裸身辱曹

《國語・周語中》：「輕則寡謀，驕則無理。」

引子

天才也可能是情緒管理的低能兒。

禰衡（公元一七三～一九八年）是東漢末年的辭賦家，字正平，平原郡（屬今山東）人。禰衡才高善辯，但是矯情傲物。建安初年，來到許昌（今河南許昌市西南）遊歷，身上帶著一份名刺（如今之名片），但總覺得無適切的對象可以交遞，久而久之，名刺上的字跡都模糊掉了。

當時許昌高士雲集，有人問禰衡說：「你何不追隨陳群（曾任司空掾、尚書）、司馬朗（曾任司空掾、刺史）？」

禰衡說：「我怎能追隨屠戶、販夫？」

人家又問：「你看荀彧（曾任侍中、尚書）、趙稚長（曾任蕩寇將軍）如何？」

禰衡看荀彧儀表出眾，趙稚長肚圍甚大，就說：「可以借荀彧的儀表去弔喪，可以讓趙稚長去監廚。」

口吻輕狂，真的是目中無人。

這種恃才傲物的人，也只有同是天才的孔融、楊修才能與他結交。孔融當時年紀四十，而禰衡只有二十四，孔融愛才，所以屢次向曹操推薦禰衡，但禰衡卻不肯輕易前去拜見曹操。

禰衡有過目不忘的天才，黃祖的長子黃射十分佩服禰衡。他們曾經出遊，在路上看過蔡邕所作的碑文，當時黃射極愛這篇碑文。回來之後，黃射後悔未曾抄下碑文，禰衡說道：「我雖然只看過一次，但還記得，只是石碑之中有二字已殘缺，可惜！」說著，就寫下了碑文。黃射狐疑之下，派人以快馬前去抄錄碑文，回來之後一對照，果然與禰衡所寫的一模一樣。

黃射曾經大宴賓客，當時有人獻了一隻鸚鵡，黃射舉杯向禰衡敬酒，說道：「希望先生作賦，以娛嘉賓。」禰衡援筆立書，文不加點，一揮而就，辭采富麗。

禰衡是天才，是一顆亮麗的彗星，只可惜它的亮麗是燃燒自己生命換來的；更可惜的是彗星帶有絢爛的長尾，竟然常被視為霉運當頭的掃把星。

故事

孔融愛才，所以屢次向曹操推薦禰衡，而曹操也有心招納。但是禰衡一向瞧不起曹操，就自稱有「狂病」，不肯前往，並且常有放肆之論。

曹操心中懷恨，但因禰衡有才名，也不忍加以殺害。他聽說禰衡擅長擊鼓，就徵召禰衡為鼓史（掌擊鼓的小吏），然後大會賓客，藉口「閱試音節」，想挫辱禰衡。

其他的鼓史都被要求換上岑牟（高帽）、單絞（蒼黃色的單衣）；而禰衡當時正在表演「漁陽三撾」，踏地躡腳，舉手投足之間，儀態特殊，鼓聲音節悲壯，聽者莫不感到心絃震撼。

禰衡一面表演一面走近曹操，隨從呵斥著說：「鼓史為何不換上服裝，竟敢輕率地上前？」禰衡說：「好！」於是就先脫下衵衣（貼身之內衣），再除去其他的服飾，裸身站立著，然後徐徐穿上岑牟、單絞。換裝之後，又一邊表演一邊離去，神色泰然自若。曹操看了，笑著說：「本想挫辱禰衡，沒想到禰衡卻反過來挫辱我。」

孔融後來就責備禰衡說：「你是大雅之士，難道非如此不可？」接著，就代曹操表達傾慕之意，而禰衡也答應前往拜見曹操。

孔融回覆曹操，說禰衡自認有輕狂之病，希望求見、謝罪。曹操很高興，就交代守門的人，說只要有客人便來通報，而且要待之以禮。

未料禰衡竟然穿著粗布單衣、寬鬆的頭巾，手持三尺長的木杖，坐在大營門外，用木杖捶地大罵。門吏就向曹操通報，說門外有個狂生，坐在營門之前，言語悖逆，請求收押論罪。

曹操大怒，對孔融說：「禰衡不過是區區豎子，我要殺他，猶如殺雀宰鼠一般容易。只是此人平時尚有些許虛名，殺了他，難保會被批評為不夠寬容。乾脆送給劉表，看他如何！」於是就派人備馬送禰衡前去荊州。

出發之前，眾人為禰衡餞行，酒食則擺設在城南。這些人彼此相約：「禰衡平常悖虐無禮，如今又這麼晚到；屆時他一來，我們都不起立相迎，先挫挫他的威風。」禰衡一到，看到大家都不肯起身，就坐在地上大哭。大家問他緣故，他說：「坐的人像是墳冢，臥的人像是屍體，我處在屍墳之間，怎能不哭呢？」

到了荊州之後，劉表及當地的士大夫欽服其名，十分禮遇，文章議論，往往非藉禰衡不敢定稿。劉表有次與一班文士共草章奏，極盡才思。這時，禰衡突然出現，看了文稿之後，就棄擲於地，劉表當下又驚又氣。禰衡則拿過紙筆，重新書寫，辭采斐然；劉表轉怒為喜，就更加重用禰衡了。

後來，禰衡又因怠慢、輕侮劉表，劉表不堪受辱，認為黃祖性急，就將禰衡送給黃祖，而黃祖竟也善待禰衡，派他擔任書記。禰衡作文，輕重緩急，各得其宜，黃祖握著他的手，說：「處士！你寫的文章正合我意，就如同我心中所要說的話。」

不久，黃祖在大船上宴請賓客，禰衡又出言無狀，使黃祖受窘，黃祖就出口呵斥。禰衡則仔細端詳黃祖，說道：「死公！我為什麼不能說？」黃祖大怒，令隨從將禰衡抓出去，想加以杖捶。而禰衡又破口大罵，這下黃祖更加生氣，就下令將他殺了，死時年僅二十六歲。（《後漢書・文苑列傳下》）

解說

禰衡是天才，卻是「高智商、低成就」，甚至是「負成就」的典型。換句話說，他是高IQ、低EQ，智慧能力過高，情緒能力過低，二者之間嚴重失衡，必然患有邊緣性人格症候群的情緒困擾。

邊緣性的人格特質往往是自視過高，鄙視他人，無法與人相處；對自我既無法保持明確的認同感，與社會的關係當然更無法保持恆定的契屬感。以禰衡為例：

1. 想出來遊歷，寫好了名刺，卻長久不用。
2. 既獲曹操的認同，卻又不願求見；既接受徵召為鼓史，卻藉機挫辱曹操。
3. 既能忍受被曹操轉送劉表，被劉表轉送黃祖的屈辱，又能為劉表、黃祖草擬文書，卻仍然放肆妄言，挫辱自己所依附的主人。

這些事例在在顯示出矛盾衝突，其中有自我與社會的衝突，行為目標與行為決策的衝突，賓主契屬感的衝突，而這些衝突都是來自於情緒管理能力的不足。

禰衡是一顆倏忽即逝的彗星，因為愈是亮麗的彗星，愈是容易耗盡生命的光采。

16 劉禪　樂不思蜀

英・莎士比亞《第十二夜》：「世間並無黑暗，只有愚昧。」

引子

國家的興衰，乃至於個人的成敗，其中都有不得不然的理數存在。以蜀漢君主劉備、劉禪為例，劉備是一個兢兢業業、閒不下來的苦命人，所以能夠創立基業；而劉禪則是一個樂不思蜀、吃不了苦的敗家子，所以國亡被俘。

劉備生於公元一六一年，在貧困中度過了二十年。公元一八四年，黃巾之亂發生後，劉備才漸露頭角。但他勢力薄弱，苦無依據之地，曾先後依附過呂布、曹操、袁紹、劉表、孫權。公元二〇七年迎諸葛亮為軍師，公元二〇九年在荊州覓得立足之地，公元二一三年據有西蜀，公元二一九年併吞漢中；此後才三分天下，與魏、吳抗衡，形成鼎立的格局，公元二二一年踐祚稱帝。公元二二三年伐吳失利，受傷而回，死於白帝城（今四川奉節縣東）。

可見劉備真的是一生戎馬，四處轉徙，飽嘗「昨日之敵為今日之友，今日之友為明日之敵」的痛苦，但憂患與無常卻也是創業的墊腳石。

從公元二〇一年至二〇八年，劉備寄居荊州，依附劉表，其間的生活，可說是一生中難得的安定與平靜。但在安定之餘，自覺寄人籬下，功業未成，心中不免仍有憂懼之情。尤其在一次如廁之後，發現大腿長出贅肉，更是號啕痛哭。劉表詢問緣由，劉備的回答是：「吾常身不離鞍，髀肉皆消；今不復騎，髀裡肉生。日月若馳，老將至矣，而功業不建，是以悲耳。」

由此可知劉備真是心存憂患，過不得清閒日子。而他的兒子劉禪又是如何呢？

劉禪（公元二〇七～二七一年）字公嗣，小字阿斗，公元二二三年繼位，由丞相諸葛亮輔佐，公元二三四年諸葛亮死，蔣琬、費禕相繼輔政。費禕死後（公元二五三年），劉禪才親理萬機，信任宦官黃皓，昏庸闇弱。

蔣琬、費禕輔政之時，務求安定，不主用兵；費禕死後，姜維執掌兵權，出兵北伐，連年征戰，但毫無成效，甚至財政凋敝，民心怨望。

公元二六三年，司馬昭命鍾會、鄧艾兩路伐蜀。鍾會取漢中，但姜維守住劍閣，阻擋去勢。

而鄧艾從陰平直下綿竹（由甘肅文縣進入四川綿竹），猝攻成都，劉禪自縛出降，結束了四十三年的後蜀政權。

亡國之君劉禪，被舉家遷往洛陽，受封為安樂公。遷居洛陽之後，有一個事例正好可以與他的父親劉備做出強烈的對照。

故事

司馬文王（司馬昭）宴請劉禪，刻意命人表演以前蜀漢宮中常見的歌舞技藝；劉禪身旁的人都因此而感傷悲痛，然而劉禪卻嬉笑自若。

事後司馬昭對賈充說：「一個人無情，竟然可以到這種地步！我看即使諸葛亮在世輔佐，也難保久全，又何況是姜維呢？」

賈充說：「要不如此，殿下又怎能兼併蜀漢呢？」

後來，司馬昭問劉禪說：「想不想念蜀呢？」

劉禪說：「此間樂，不思蜀。」

曾經在蜀漢當祕書令，並隨劉禪出降的郤正聽說此事之後，求見劉禪，說道：「如果文王以後再度問起，您應該哭著回答說：『先人墳墓遠在隴、蜀，乃心西悲，無日不思。』然後閉起眼睛。」

不久，剛好司馬昭又問到劉禪，劉禪就依樣畫葫蘆，把郤正交代的話，一五一十地說出來。

司馬昭說：「奇怪！怎麼那麼像郤正的口吻？」

劉禪此刻驚訝地瞪著司馬昭說：「正如所料。」在旁的人都大笑出聲。（《三國志・蜀書・後主傳》注引《漢晉春秋》）

解說

劉備有「髀肉復生」之恨，劉禪卻有「樂不思蜀」之說，實在是天差地別，虎父犬子。

劉備曾經以「聞雷失箸」的方式欺瞞曹操，劉禪會不會也故作安樂之態以欺瞞司馬昭？其實這種可能性很小，因為：

1. 劉禪的確庸弱無能。他十七歲登基，也許一來少不更事，二來劉備遺言交代他對諸葛亮「事之如父」，所以初期政務由諸葛亮掌理，是有理可說的。但諸葛亮死時，劉禪已二十八歲，如果英明睿智，或有乃父之風，甚至只是中人之質，為何不能親理萬機？
2. 劉禪全面親理政務，是在蔣琬、費禕死後，此時他已經四十七歲，而後寵信黃皓，聽任姜維，五十七歲亡國，十年之間民生凋敝，人心解體，當然是庸弱無能所造成的。

3. 郤正教劉禪如何應對，連口語、動作都清晰靡遺，可見劉禪早就習於接受他人的安排，缺乏自主的能力。

4. 郤正的吩咐，劉禪竟然毫不修飾地全盤托出，還讓人聽出是郤正的口吻，可見他連轉換語氣的能力都付之闕如。

5. 司馬昭在表示懷疑之後，劉禪竟然還驚視對方，認為司馬昭料事如神，更不難看出他的庸弱了。

所以我們可以認定劉禪的表現不是刻意而為的情緒管理，而只是直接的自然反應。劉禪庸弱如此，難怪劉備死前會對諸葛亮說：「若嗣子可輔，輔之；如其不才，君可自取。」但極具諷刺性的是，劉禪的庸弱無能卻讓他多活了八年，讓他過足「安樂公」的晚年。世人習慣以成敗論英雄，以功過論賢愚，卻沒想到老天爺也會垂憐這種人。

17 周亞夫 絕食嘔血

印度・泰戈爾說：「巨大不是偉大，而驕傲也不能永存。」

引子

周亞夫有戲劇性的人生經歷：曾經貴為宰相，最後卻絕食五日，吐血而死。

周亞夫擔任河內太守時，許負為他看相，說道：「先生在三年之後可以封侯，封侯八年之後則為將相，職掌國家權柄，地位顯赫，朝廷群臣，無出其右。但再過九年，先生必然餓死。」

周亞夫笑著說：「家兄（周勝之）已繼承先父（絳侯周勃）的侯位了，家兄如果過世，也必然由家兄的兒子繼位封侯，我哪能封侯？何況你既說我地位顯赫，又說我會餓死，怎麼可能呢？請說明你的依據吧！」

許負就指著周亞夫的嘴，說：「先生鼻子兩翼的法令紋衝入口裡，這是餓死的相格。」過了三年，周勝之牽涉到殺人的罪責，被罷去侯位；漢文帝就封周亞夫為條侯，以傳承絳侯的爵位。

公元前一五八年，匈奴大舉入寇，朝廷任命劉禮屯駐霸上（長安東面的軍鎮），徐厲屯駐棘門（長安北面的軍鎮），而原任河內太守的周亞夫則進封將軍，被派駐細柳（長安西面的軍鎮）。文帝親臨各營勞軍，對周亞夫整飭軍紀，軍容嚴肅，讚嘆不已，直呼：「此真將軍矣。」月餘之後，又任命周亞夫為中尉（負責巡視京師）。甚至在文帝臨終前，還特別交代兒子（漢景帝），說周亞夫可以寄予重任；所以文帝駕崩之時，周亞夫授命為車騎將軍。

許負的預言已初步應驗了，接著呢？

故事

漢景帝即位之後，鼂錯建請逐步削弱藩國勢力，獲得景帝採納。景帝三年，即公元前一五四年，吳、楚等七國即藉口「誅鼂錯」、「清君側」，大舉叛變。景帝任命周亞夫為太尉，帶兵東擊吳、楚。周亞夫則奏請：「楚兵機動性高，武力又強，難以與其正面交鋒，希望先割捨梁國，以絆住叛軍，然後斷絕吳、楚的糧道，再予以敉平。」景帝也應允了。

事後吳、楚果然攻擊梁國，梁孝王上書請求援助，景帝也下詔命周亞夫前去救援，但周亞夫卻堅持原來的計劃，先固守駐地，再派人斷絕吳、楚的糧道。攻守三個月之後，吳、楚之亂終被戡平，但是梁孝王從此已對周亞夫懷恨在心。

五年之後，周亞夫升任丞相。景帝想廢栗太子，周亞夫極力諫諍，無效，景帝就日漸疏遠周亞夫。而梁孝王每次入朝，都聯合竇太后，時常在景帝面前批評周亞夫。

後來匈奴王唯徐盧等五人投降，景帝想封他們為侯，但丞相周亞夫認為：「他們背棄自己的君主而降附陛下，一旦陛下封他們為侯，以後如何責求自己的臣子守節？」景帝卻說：「丞相之議不可用。」於是分別封唯徐盧等人為侯。從此周亞夫常稱病不參與朝政，不久就被免去丞相之位了。

稍後，景帝在宮中召見條侯周亞夫，賜宴，但只陳設一個大肉塊，並未切開，而且沒有筷子。條侯心裡不平，就對主管宴席的侍從要求擺設筷子。景帝看看他，笑著說：「這不是故意準備不周的。」條侯脫下帽子，表示謝罪。過了一會兒，條侯看景帝已站起身，就急步離席而去。景帝目送他的背影，說道：「此人心中怏怏不快，無法輔佐少主（景帝將周亞夫歸為文帝時之老臣）。」

再過不久，條侯的兒子向工官尚方（負責製作宮廷器物）購買五百套盔甲、盾牌，準備作為日後父親的陪葬品。條侯的兒子虐待雇來的傭僕，而且又不給錢。傭僕知道這是偷買朝廷器物的黑道交易，就告發條侯的兒子，事情牽連到了條侯。

景帝知情之後，將案子交辦下去，主事的官吏以公文要求條侯答辯，條侯卻不肯回應。景帝罵道：「不用公文答辯。」就直接交由廷尉（掌司法）查辦，廷尉責問條侯：「君侯想造反嗎？」條侯說：「臣所買的器物只是陪葬品，怎說是造反？」主事的官吏說：「君侯即使在地上不造反，也想在地下（死後）造反。」就對條侯更為凌辱。

原先條侯被捕時即想自殺，但被夫人阻止。交付廷尉之後，急怒攻心，就絕食五日，最後吐血而死。條侯的爵位也被免除，不讓他的後人繼承。（《史記・絳侯周勃世家》）

解說

許負的預言固然完全應驗，但命相之說，事涉玄奇，我們姑且不論，只留意其中情緒管理的問題。

周亞夫面對的都是衝突的情境。包括：

1. 漢文帝對他推崇備至，而漢景帝對他則是先重用後棄絕。
2. 周亞夫戡定七國之亂的謀略，與梁孝王的利益相衝突。

3.周亞夫反對景帝廢栗太子，周亞夫爭的是體制，景帝則是顧及國君的尊嚴，二者代表了公與私的衝突。

4.景帝想分封投降的匈奴王，周亞夫表示反對，景帝的國君尊嚴再度受挫。

5.景帝賜宴，周亞夫的感受是受辱，而景帝的感受則是前朝老臣的傲慢；情境認知的不同，自然引發情緒上的衝突。

最後。藉著尚方甲盾的事件，景帝小題大作，目的只在滿足報復的心理。周亞夫死了，但不必然死於「法令紋」，而是死在個人的情緒管理。因為在封建時代，身為臣僕，蒙受知遇，是個人的機遇；但既然已經面對不同的國君，就應該試著調整情緒管理的方式。畢竟，景帝與周亞夫都想保存「高貴的自尊心」，兩相衝突之下，吃虧受害的當然是周亞夫。

18 石崇　財大氣粗

瑞士・希爾泰《幸福論》：「傲慢始終與相當數量的愚蠢結伴而行。」

引子

石崇（公元二四九～三〇〇年）是西晉渤海南皮（今河北南皮縣東北）人，字季倫。惠帝永熙元年（公元二九〇年）任荊州刺史，竟然因劫掠往來之客商而富可敵國。

石崇生性奢靡好鬥，與當時的貴戚王愷、羊琇等人爭奇鬥富，以蠟代薪，用以炊飯；作錦步障（外出防塵泥），張列五十里……可說是奢侈至極，浮誇無度。

趙王司馬倫當權時，他的黨羽孫秀指名向石崇索求愛妾綠珠。石崇婢妾無數，但最寵綠珠。孫秀派使者登門之時，石崇羅列婢妾數十人，薰麝被羅，任他挑選，但使者執意索求綠珠，石崇勃然大怒，加以拒絕。事後綠珠跳樓，石崇被殺，全家遇害。

石崇遇害，當然是導因於奢侈浮誇，但奢侈浮誇的弊病則是源於情緒管理的不當，檢視以下的事例，就可以明瞭大半了。

故事

石崇每次邀客宴飲，常令美人行酒，要是有客人不乾杯，就處斬美人。王丞相（王導）與大將軍（王敦）曾經一起拜訪石崇，丞相平常酒量淺薄，不大能喝，但遇到美人行酒，只好勉強飲盡，以至於沉醉。但是向大將軍勸酒時，他卻堅決不喝，故意看事情如何變化。結果石崇連續處斬了三個美人，大將軍仍然神色自如，不肯飲酒。丞相當場責怪大將軍，大將軍卻說：「他殺自家人，干你何事？」

石崇的廁所，常有十餘位婢女在外伺候，他們都打扮華麗，口脂、香料無不具備。客人如廁之後，為客人換上新衣，所以客人多半害羞而不敢如廁。

石崇與王愷鬥富，彼此都窮奢極侈，車服皆極盡華麗之能事。

晉武帝是王愷的外甥，時常援助王愷。有次武帝曾賜王愷一株珊瑚樹，高約二尺，枝條扶疏，世所罕見。

王愷就拿去向石崇誇示，沒想到石崇看過之後，就拿鐵如意一把敲下，珊瑚應聲而碎。王愷十分惋惜，認為石崇是嫉妒他的寶物，所以就聲色俱厲地加以責備。石崇卻說：「不必遺憾！我現在就還你！」說著，就命左右隨從取出庫藏的珊瑚樹，其中高三尺、四尺，而且枝幹絕俗，光彩奪目的竟然有六、七株，而與王愷相當的更多。王愷當場悵然若失。（《世說新語・汰侈》）

解說

石崇因綠珠而得罪孫秀，在綠珠跳樓之後，石崇被收押，當時他還自信滿滿地認為大不了流放邊境而已。結果沒想到囚車卻駛向刑場。石崇嘆了一口氣，說道：「這些奴才原來是圖謀我的家產。」收押者說：「既知是家產惹禍，何不儘早散財？」石崇語塞，無法回答。（《晉書・石苞傳》）

博取他人的注目，甚至他人的激賞，是人類正常的行為目標，但是表現過當，就是炫耀。炫耀所招引來的，不是鄙夷，就是嫉恨。而鄙夷只會傷害自尊，嫉恨則可能危及身家性命。

石崇在情緒管理上至少犯了以下的錯誤：

1.財富是中性的工具，用以廣結善緣，則是良性的情緒管理；用以炫耀，則是負面的情緒表現。

2.只顧自身財富的誇示，卻忽略對手的情緒受到挫折，這是缺乏同理心。

3.炫耀的情緒快感已經掩蓋了對對手身分的判別力。不論是王愷或孫秀，都是當權者的黨羽，雙方身分的落差都是致命的威脅。

4.不能掌控對手的情緒，卻反而打擊對手的情緒。石崇似乎渾然不知一個自尊心受挫折的人必然會有防衛的動機，似乎也不知道防衛的方式可以是致人於死的攻擊。

所以，也許孫秀是心理防衛過當，但石崇卻是情緒管理失當。

19 謝安　矯情鎮物

蘇洵〈心術〉：「當將之道，當先治心。泰山崩於前而色不變，麋鹿興於左而目不瞬，然後可以制利害，可以待敵。」

引子

謝安（公元三二〇～三八五年）字安石，陳郡陽夏（屬今河南）人，是太常卿謝裒的兒子。謝安四歲時已漸露頭角，頗受桓彝、王濛、王導等人器重，所以年少即有美名。但屢受薦舉，都不願出任（東晉士族常有此種習性），寓居會稽，與王羲之、許詢、方外人支遁等人交遊，外出時則漁弋山水，在家時則言詠作文。當時揚州刺史庾冰因謝安名重一時，想盡辦法羅致他，屢次要求郡縣官員敦促、逼迫。不得已之下，謝安只好赴召，但月餘之後，即又辭官返家。不久，謝安被薦舉為尚書郎，不赴任；吏部尚書范汪希望他當吏部郎，他也寫信拒絕。所以朝廷官員就上奏，說他屢次受召，歷年不至，應當禁錮終身。而謝安也不以為意，仍然放情丘壑，而且每次遊賞，必有妓女相從。

直到謝安的弟弟謝萬北征失敗之後，謝安才有出仕之意，當時年紀已有四十餘歲。

起初是征西大將軍桓溫推舉謝安為司馬，不久，謝萬死去，謝安就投牋求歸。但旋即又被任命為吳興太守，然後再受朝廷徵召為侍中，接著改任吏部尚書、中護軍。

由以上的敘述，實在不易想像謝安日後竟然能夠安然面對權臣桓溫，又能夠在前秦苻堅大軍壓境之下安之若素，甚至使得淝水之戰大獲全勝。他是如何做到的呢？

故事

公元三七二年，簡文帝病危，桓溫上疏推薦謝安，說他可以擔任顧命大臣，受託後事。

簡文帝駕崩之後，桓溫祭拜陵寢，隨即留駐新亭（今江蘇南京市西南），布置重兵，有篡奪晉室之意，同時命人傳喚謝安及王坦之，想加害他們。王坦之極度恐懼，向謝安問計，謝安神色不變，說道：「晉室存亡，就在此一行了。」

見了桓溫之後，王坦之驚嚇出汗，流濕了衣服，而且竟然倒執手版。謝安則從容入座，對著桓溫說：「謝安聽說諸侯有道，固守邊界；明公（指桓溫）為何不守邊界，卻在牆後布置重兵呢？」桓溫笑著說：「不能不如此啊！」雙方就在笑談中度過大半天。

王坦之原與謝安齊名，經歷此事，世人才知道原來王坦之如此拙劣。簡文帝駕崩之後，謝安在謚號方面有些意見，寫成了文章，桓溫極為欣賞，拿給賓客看，說道：「謝安石的文章，字字碎金。」

當時繼位的孝武帝十二歲登基，無法親理政務，而桓溫威震內外，常受到不同的評價。幸好有謝安、王坦之盡忠輔佐，終能維持和睦。到了公元三七三年，桓溫病危，暗示朝廷應賜予「九錫」（人臣極寵之禮），而由袁宏草擬公文。謝安有意拖延，所以每次見到公文就加以刪改，結果一拖再拖，公文尚未擬定，桓溫就已病逝，「九錫」之事就擱置了。

前秦苻堅極為強盛，東晉諸將相繼敗退。謝安派弟弟謝石，及哥哥謝奕之子謝玄出兵征討，則所向皆捷。公元三八三年，苻堅率兵南下，號稱百萬，停駐於淮河、淝水一帶，京師上下，震恐萬分。

謝安被任命為征討大都督，謝玄向謝安問計，謝安神情平靜，了無懼色，只回答說：「已另有安排。」然後就沉默不語。謝玄當下也不敢再問，就要謝玄再次向謝安請示。謝安則乾脆命人駕車往山區別墅進發，並且召集親朋好友，在別墅之中與謝玄下圍棋賭別墅。謝安平時棋力比謝玄差，但當天謝玄心懷恐懼，所以旗鼓相當，甚至最後竟輸給了謝安。謝安勝了之後，回頭對外甥羊曇說：「別墅交給你處理。」然後就一路玩賞，到了夜裡才回去，這時他才召集將領，分別交付任務。

到了謝玄擊潰苻堅之後，前方軍報傳到，謝安正在與賓客下棋，看了捷訊，便隨手擱下，了無喜色，照常下棋。賓客好奇，一問究竟，謝安這才緩緩地說：「小兒輩已破賊。」棋局終了，要回到室內，經過門檻時，不覺之中竟然踢斷了屐齒（木屐防滑之刮痕），他「矯情鎮物」的表現竟是如此。謝安因為總攬眾務，有統御之功，於是進封太保。（《晉書．謝安傳》）

解說

《晉書》說謝安「矯情鎮物」，並不是說他不近人情，而是說他刻意以情緒管理的功夫去鎮定人心，而且的確發揮了幾次作用。

1. 簡文帝駕崩之後，孝武帝年幼，朝廷失去了重心，而桓溫曾有廢海西公、改立簡文帝的紀錄，如今又布置重兵，傳喚大臣，大有再行廢立或逕行篡奪的可能。當時王坦之受驚而不知所措，謝安卻能「矯情鎮物」，不無調和情勢的功勞。

2. 桓溫臨死之際，暗示朝廷加寵「九錫」，謝安卻不急不忙，竟然用一「拖」字訣，就輕易地解除朝廷的困擾。

3. 淝水戰前，苻堅率步兵六十餘萬、騎兵二十七萬南下，而陽平公苻融則在他之前率三十萬大軍來到了淮河、潁水的交匯口。在東晉方面，謝石、謝玄、謝琰、桓伊等人的軍力只有八萬人，另外胡彬的水軍也只有五千人。在敵眾我寡的情況下，朝廷焉得不震恐，大臣安能不心慌？幸虧謝安再度「矯情鎮物」，以「已另有安排」來回答謝玄，並且下圍棋，賭別墅，刻意營造勝券在握的情境。否則未戰先亂，就犯了兵家大忌了。

當時桓溫的弟弟桓沖，出鎮京口（今江蘇鎮江市），協力防禦前秦的攻擊，但他擔憂晉室的根本動搖，就派精銳三千人入衛京師。而謝安卻加以拒絕，說道：「朝廷處分已定，兵甲無缺，西藩宜留以為防。」桓沖只好對著佐吏嘆氣，說道：「謝安石有廟堂之量，不閑將略……天下事已可知，吾其左衽矣！」

連當朝大將對局勢都缺乏信心，可見謝安非「矯情」不可。但是偏離常態的情緒管理，畢竟只能維持一段時間；或者在情境突變之後，總會露出破綻的。因此謝安在確知前方大勝之後，也無法掩捺喜悅之情，經過門檻時就不覺之中踢斷了屐齒。

20 安祿山 自食惡果

俄・克雷洛夫《克雷洛夫寓言・貪心的人和母雞》：「貪心的人想弄到一切，結果反而失掉一切。」

引子

安祿山是唐朝國運中衰的關鍵人物之一，他是營州柳城（今遼寧朝陽縣南）的雜種胡人，名軋犖山。他的母親改嫁突厥安延偃，因此改姓安，更名祿山。他懂六蕃語言，驍勇善戰，被幽州（今北京一帶）節度使張守珪收為養子。

在多年經營之後，安祿山深得唐玄宗之信任，兼任平盧（治營州）、范陽（治幽州）、河東（治太原）三節度使，擁兵十五萬，公元七五五年冬天，他在范陽起兵叛亂，攻陷洛陽；次年自稱雄武皇帝，國號燕，年號聖武，接著又破潼關，入長安，大肆掠殺，唐朝帝國從此就淪入了衰敗的浩劫之中。

安祿山只是一個不識字的武夫，他如何搖身一變而成為屠戮天下，令人聞風喪膽的魔頭？原先唐朝初年的邊將，固然胡、漢都有，但是「不久任」、「不兼統」。而唐玄宗好大喜功，又荒淫無度；在寵信李林甫之後，李林甫害怕儒臣因戰功而受寵，就奏請專用蕃將，於是安祿山才有做大的機會。

另外，安祿山善於詭譎作態，賄賂來往朝廷與邊境的使節，於是交口讚譽，聲勢漸起。另外，安祿山對玄宗更是極盡阿諛逢迎之能事，甚至編造詭誕不經的謊言也在所不惜。公元七四五年，安祿山帶兵攻擊契丹，回來之後上奏：「夢見李靖、李勣（唐初大將）向臣子求食，於是臣子就立祠向他們祭拜，結果樑柱長出靈芝。」

安祿山又曾入奏：「臣子出身蕃戎，深受榮寵，無才以報，惟願為陛下死命效忠。」玄宗認為他很忠誠，命他參見皇太子。安祿山見了皇太子，故作癡呆，不拜皇太子，左右交相指責之後，他說：「臣子不識朝廷禮儀，皇太子是何官職？」玄宗說：「他是朕百歲之後的繼位者。」安祿山這才故作醒悟狀，謝罪道：「臣子愚魯，只知有陛下，不知有太子，罪該萬死。」然後，一拜再拜。

當時楊貴妃受寵，安祿山請求做貴妃的養子，玄宗許諾了。而安祿山入朝拜見時，必然先拜貴妃再拜玄宗，玄宗覺得奇怪，他則說：「蕃人先敬母後敬父（母系社會之遺風）。」玄宗大悅，就命安祿山與楊貴妃同族之兄弟楊銛及三位姊妹結為手足（不倫不類）。從此安祿山對朝廷就有覬覦之心了。

公元七四七年，安祿山進位為御史大夫，妻子段氏受封為夫人。

安祿山身材肥大，肚皮竟然垂過膝蓋，重有三百三十斤（約一百九十七公斤），走路時要左右抬挽著肩膀才能勉強行動。但他在玄宗面前，曾經表演「胡旋舞」，竟然迅疾如風。玄宗看著安祿山的腹部說：「腹中所藏何物，為何如此之大？」安祿山的回答竟然是：「只有對陛下的一片赤心。」

安祿山奉承入骨，玄宗當然欣喜異常，所以為安祿山在京師起造府第，布置之豪華，不下於天子。而玄宗又在勤政樓的帝座之旁，命人打造金雞大屏風，又特製坐榻，供安祿山休息，看得連太子都勸諫說：「陛下寵祿山過甚，必驕。」但玄宗仍然不曾醒悟。

阿諛獻媚，逢迎拍馬，用以晉官加爵，是卑劣但有效的情緒管理，然而這只是進身之道，如果要領袖群倫，一統天下，這種管理方式好比是小偷的第三隻手，只可以偷到東西，卻不能保證必然合用。

安祿山叛變失敗，最後死於手下的謀殺。雖然歷史學家已經羅列了許多原因，但總結來說，對於他的失敗，以情緒管理的角度來切入，最能體現事件的緣起，而且最為生動鮮活。

故事

安祿山因為身體肥胖，身上有皺摺的地方會長瘡，在叛變後，視力又漸漸消失，最後就完全看不到東西，而且身上的瘡也變成會潰爛的腫疣。因為生病，安祿山性情變得更加暴躁，動不動就殺人，甚至連貼身的親信嚴莊、侍者李豬兒都時常被鞭打。嚴莊就日夜尋找機會，想要洩憤。

安祿山寵愛段夫人，生子安慶恩，安祿山想立他為繼承人，卻引來另一個兒子安慶緒的不滿。有一天，嚴莊對安慶緒說：「您聽過大義滅親嗎，自古以來總有不得已的事。」安慶緒會意地說：「唯唯。」接著，又對李豬兒說：「你事奉主上，罪過已多得數不清了；如果不做大事，恐怕隨時會死。」於是就定下了計謀。

公元七五七年正月初一，原本安祿山要接受各界朝拜，卻因瘡疾加劇而作罷。當天夜裡，讓安慶緒站在戶外，嚴莊則拿著刀，領著李豬兒一同進入安祿山的臥帳，李豬兒用大刀砍安祿山的腹部。安祿山眼睛失明，在牀頭常擺著一把刀防身；被砍之後，伸手摸向牀頭卻摸不到，只好搖撼幄柱，大叫：「是我家賊！」但當時腹腸流落牀上已有數斗之多，話一說完就氣絕了。

嚴莊等人就在牀下挖了數尺深的坑，用毛毯包裹屍體加以掩埋。然後對外宣言，說安祿山傳位於晉王安慶緒，並且尊安祿山為太上皇。而安慶緒竟然在此後就縱樂飲酒無度，呼嚴莊為兄，事無大小，聽任辦理。

原先李豬兒是契丹人，十幾歲時就跟隨安祿山，頗具小聰明。安祿山有次拿刀為李豬兒去勢，血流數升，生命垂危，安祿山拿火灰來塗抹傷處，過了一整天之後，李豬兒才甦醒過來。因為李豬兒已成閹人，所以安祿山最信任他。

安祿山腹部肥大，每次著衣束帶，都要三、四個人幫忙；其中兩個人抬起肚子，由李豬兒用頭頂著，才能穿上衣服；束上腰帶。

唐玄宗當年寵幸安祿山，賞賜他到華清宮沐浴，也特別允許李豬兒等人為他脫、穿衣服。但最後安祿山被殺，也是李豬兒下的手。（《舊唐書．安祿山傳》）

解說

安祿山對待手下，只有暴虐的情緒管理，根本稱不上是領導統御，所以他肚破腸流確實是自食惡果。

1. 嚴莊之身分形同宰輔，卻動輒得咎，屢受捶打，情何以堪？

2. 李豬兒年長去勢，身心受創，又長期飽受折磨，更是毫無尊嚴。

3. 安慶緒本就不肖，而安祿山又可能立他人為嗣，豈會不激起他的私心？

情緒是力量，而有作用力就有反作用力；長期的積怨和恐懼自然會化成熊熊的火焰，去吞噬眼前的障礙物。

情緒也有容量的限制，一旦含納的垃圾超過了負荷，它會激化成最毒的物質，並傾洩而出，做出最無情的反撲。

參・情境設計

01 宋太祖　誓書傳位

宋・楊萬里〈答陳國材書〉：「人心之病，莫甚於一私。」

引子

父子相繼是王位傳遞的常態，尤其開朝立國的帝王，往往戎馬一生、歷盡艱險，誰不願傳位給自己的子孫？但陳橋兵變中被黃袍加身的宋太祖趙匡胤，終結了五代十國的亂局，一統天下之後，竟然傳位給弟弟宋太宗趙光義。為什麼呢？

宋太祖即位的第二年，即公元九六一年，杜太后病危，太祖陪侍，不離左右。臨終時，召趙普入宮接受遺命。太后問太祖說：「你知道自己為何能得天下嗎？」太祖一時哽咽無法回答，太后再度詢問，太祖就說：「兒臣所以會得天下，是因祖先及太后的德惠。」太后說：「不是！是因周世宗讓幼兒統治天下的緣故。要是周室有年長的國君，天下豈是你所有的？你百歲之後應當傳位給你弟弟。四海至廣，萬機至繁，國有長君，才是社稷之福。」太祖頓首哭泣，說道：「豈敢不依教訓。」

太后回頭對趙普說：「你會同記下我的話，不可違背。」就命趙普在病榻之前記錄太后與太祖間的約定，而趙普則在紙尾寫下「臣普書」的字樣。這份誓書被鎖入金匱，交由謹慎守密的宮人保管。

以上的故事是《宋史．后妃上．杜太后列傳》的記載，在同書其他各篇章也曾出現過，所以太祖奉母命而傳位於其弟，這是了無疑義的。但問題是太祖並非只有一個弟弟；另外，宋太宗趙光義百年之後又將傳位給誰呢？

故事

宋太祖有兄弟四人：長兄光濟，早亡；弟光義，即是宋太宗；其次是廷美；其次是光贊，早亡。

太祖有四子：長子德秀，次子德昭，三子德林，四子德芳。其中德秀、德林皆早年夭亡；而德芳死於宋太宗太平興國六年（公元九八一年），死因不明（《宋史》說是「寢疾薨」），年二十三歲。

所以有可能接繼太宗的人選，除了自己的兒子之外，只剩弟弟廷美與太祖之子德昭。

德昭在太平興國四年（公元九七九年）六月隨太宗征討幽州。當時軍中某天夜裡發生騷動，但不知太宗身在何處；於是有人計劃擁立德昭，後來太宗極為不悅。七月，班師回朝，因為北征幽州（契丹所佔）不利，所以久久未對平定太原之事（同年五月平定了據守山西太原之北漢，劉繼元出降）論功行賞。德昭向太宗建言，太宗則大怒，說道：「等你當了皇帝再賞也不遲！」

德昭告退之後，就自刎而死。太宗聽說此事，又驚又悔，抱住他的屍體，大哭道：「癡兒！何必如此？」

至於廷美，太宗即位後，曾受封為中書令、開封尹、齊王，又加檢校太師。後隨太宗征討太原，進封為秦王。

太平興國七年（公元九八二年）三月，有人密告秦王廷美驕狂放肆，將有陰謀發動，於是太宗罷去廷美開封尹的職位，要他留守西京（宋都開封，而以洛陽為西京）。

剛好當時趙普再度為相，察訪得知兵部尚書盧多遜與廷美有所來往，於是向太宗奏報。太宗大怒，將盧多遜下獄，並逮捕趙白、閻密等關係人。

接著，太宗下令文武官員在朝廷集議。太子太師王溥等七十四人奏報：「盧多遜及廷美多所怨望，大逆不道，宜行誅滅，以正刑章。趙白等人，各予處斬。」於是盧多遜被削奪官爵，連同家屬一併流放崖州，廷美勒歸私第，而趙白、閻密等人則被處斬。

趙普不放心，又教開封府李符上書：「廷美不悔過，怨望如舊，請求將他遷徙遠地，以防生變。」於是太宗將廷美降為涪陵縣公，安置在房州。

雍熙元年（公元九八四年），廷美來到房州，憂悸成疾而死，年三十八歲。太宗下詔，追封他為涪王。

原先杜太后臨終，命太祖傳位太宗，並令趙普記下誓言，藏入金匱。有人認為杜太后及太祖的本意是先傳位給太宗，再由太宗傳位給弟弟廷美，然後再傳回太祖之子德昭。然而德昭自殺，德芳又相繼夭絕，廷美才開始感到不安。

後來柴禹錫等人密告廷美有陰謀，太宗召見趙普探問，趙普回答說：「臣願負責偵察姦變。」告退之後，又密奏：「臣忝為舊臣，行事處處受到權倖阻擾（趙普在太祖之時曾被盧多遜糾舉多次，如今在太宗面前告狀，有公報私仇之嫌）。」然後趙普又藉著杜太后臨終遺命，及太祖之時的許多事情申訴己意。於是太宗就在宮中尋求趙普以前所上的奏章，並且打開金匱找到趙普簽名的誓書，看了之後，頗有領悟。

不久，太宗召見趙普，說道：「誰無過失呢？朕不必活到五十歲就已經確知四十九歲時的過失了（借用春秋賢人蘧伯玉「年五十而知四十九之非」的故事）。」就任命趙普為司徒兼侍中。過了一陣子，太宗問及趙普日後帝位的繼承問題，趙普說：「太祖已有所誤，陛下豈容再誤呢？」於是廷美就被定罪了。

廷美之所以被定罪，都是趙普的緣故。（《宋史・宗室列傳一》）

解說

《宋史》對太祖傳位的事，寫得極為含蓄，但卻留下了一些線索，給後代的讀史者許多想像的空間。

1. 「誓書」的文字內容，可以推定只寫到「傳位太宗」，並未提及太宗百歲之後的帝位繼承問題。
2. 「誓書」以外的口頭約定，傾向於太祖傳太宗，太宗再傳弟弟廷美，廷美再傳回太祖之子德昭。

據以上的推論，就可以很清晰地以情境設計的觀點剖析太祖、太宗、趙普三個人。

就太祖而言：

1. 太祖面對的第一個情境就是杜太后口中的「國無長君」。因為杜太后臨終時，太宗是二十三歲，廷美才十五歲，而德昭、德芳（三歲）更小。
2. 太祖面對的第二個情境是母命難違的孝道。
3. 太祖面對的第三個情境是《宋史》所說的「太宗聲望漸隆，羽翼漸豐」。
4. 面對以上的三個情境，太祖當然只能保留「先傳弟，再傳子」的預設情境。

就太宗而言：

1. 接受太祖傳位，是在心理面可以合理化的事；因為他與太祖並肩作戰，打下江山，又有母后的遺命可以作為後盾。
2. 「誓書」的文字內容使他有想像空間，所以經趙普提醒之後，他也「頗有領悟」。
3. 「頗有領悟」之後，對自己百年之後的傳位問題應該已有腹案，但仍需「誓書」的見證、記錄人趙普予以迴護，所以才會召見趙普。

就趙普而言：

1.身為顧命大臣但心懷叵測，依違兩端，既知太祖「已有所誤」，卻在「誓書」寫成之後，到太祖駕崩之前的十五年間未曾勸諫太祖。

2.他被盧多遜糾舉之後，出鎮河陽，即曾經上書，以「誓書」之事向太祖「提醒」，但未獲太祖回應。或許就因此懷恨在心，而埋下了日後迴護太宗的動機。

3.以「太祖已有所誤，陛下豈容再誤」提醒太宗，太宗在德昭、德芳已死的情況下，才能更大膽地將廷美定罪，並且順理成章地傳位於自己的兒子（宋真宗趙恆）。

4.利用太宗的「傳位情結」公報私仇，藉機鏟除政敵盧多遜，實在居心險惡。

王夫之《宋論》批評趙普「不仁之人，不可以託國」，的確有道理。因為在傳位的問題上，杜太后犯了第一個錯誤，她錯估情勢，不知太祖死時德昭應可長大成人；太祖則犯了第二個錯誤，因為他在「誓書」的文字上可能沒有預留空間，在位期間又不曾公布「誓書」，或另立傳位的指示；太宗則犯了第三個錯誤，因為他有傳位於子的私心，間接害死了自己的弟弟廷美，及姪子德昭。

趙普身為顧命大臣，卻坐視錯誤一再發生，甚至導演第三個錯誤，當然是「不仁之人」了。

02 張良　招賢添翼

宋・劉炎《邇言・卷七》：「能用一國之善士，則足以君一國；能用天下之善士，則足以王天下。」

引子

天子之尊，富有四海，舉世仰慕，覬覦者眾。所以帝位之爭，史不絕書，或明爭，或暗鬥；有時則同室操戈，骨肉相殘；有時則引起外戚擅權，宦官干政。

帝位之爭是如此，太子之位的爭奪戰也是如此。

故事

漢高祖劉邦初即位時，以呂后所生的劉盈為太子。數年之後，他以劉盈為人仁弱為由，常想廢太子，改立戚夫人所生的趙王如意。

當時大臣多所諫諍，但都未打動高祖的心意。呂后十分恐懼，不知所措。有人就對呂后說：「留侯（張良）擅長謀劃，深受皇上信任。」於是呂后就派建成侯呂澤脅迫張良，說道：「先生曾是皇上的謀臣（當時張良稱病，服氣辟穀，已年餘不問世事），如今皇上想改立太子，難道先生能夠高枕無憂？」張良謙辭之後，呂澤強行要求說：「為我籌劃計策！」張良不得已，說道：「這事難以口舌相爭。皇上敬仰四位高人（商山四皓），但無法招攬。這四人年已老邁，都認為皇上傲慢自大，所以逃匿山中，不願臣服。如果您能夠捨得金玉璧帛，再請太子寫下書信，以謙卑之態度、舒適之坐乘，派能言善道的人前去敦請，他們應當會來。他們一來，就待之以禮，留作賓客，時時伴隨太子入朝，讓皇上看見這四位高人，那麼皇上必然驚訝而探問。探問之後，皇上確認四人皆是賢士，對此事將有助益。」於是呂后依計行事，迎聘四人，留駐建成侯府。

漢高祖即位第十一年，即公元前一九六年，黥布（英布）造反。當時高祖生病（第二年即駕崩），想派太子將兵出征。這四人認為太子將兵，大大不利，就對建成侯說：「太子將兵，即使有功，太子還只是太子；如果無功而返，就必然招受災殃。何況太子要統帥的將領都是陪同皇上平定天下的梟將，這等於是羊入狼群，這些將領必然不肯盡力，屆時一定無功而返。如今戚夫人日夜陪侍皇上，皇上也常抱著趙王如意，而且皇上也曾表明『終究不願讓不肖子居於愛子之上』，可見早晚會改立太子。先生何不趕緊請呂后找機會向皇上哭訴：『黥布是天下的猛將，善於用兵；而現在這些將領都曾與皇上平起平坐，輩分相同，皇上竟然要太子統帥這些人，這不是要羊入狼群嗎？他們怎麼會聽太子的號令呢？黥布要是得知，必然無所畏懼。皇上即使龍體欠安，也應勉強坐車出征，將領們才不敢不盡力。皇上即使辛苦，為了妻子兒女，也必然會堅強起來的。』」於是呂澤夜見呂后，呂后也依樣畫葫蘆地向高祖哭訴。

高祖聽了以後，說道：「我想那小子（劉盈）本來也派不上用場，看來迺公（你阿公，比「你老子」還要粗狂的自稱語）只好自個兒出征了。」高祖出征時，留守的群臣都送到了長安郊外的霸上。張良身患重病，也勉強動身，送到了曲郵（長安之東），並對高祖說：「臣子本應隨行，但病重不能如願。楚人（指黥布）一向驃悍，希望皇上不要與楚人爭鋒。」接著，又說：「請令太子為將軍，監管關中兵馬。」高祖說：「子房（張良字子房）雖然身體欠安，也請勉力輔佐太子。」當時叔孫通是太子太傅，而張良則兼任太子少傅。

公元前一九五年，高祖擊破黥布，回歸京師，病情轉重，更想改立太子。張良勸諫，無效，只好託病不視事。叔孫通則援引古今事理，拚死護衛太子；高祖假裝聽從其議，但還是想改立太子。

有次朝廷設宴，置酒，太子陪侍。四位高人伴隨著太子，年紀都已八十有餘，鬚眉皆白，衣冠不凡。高祖覺得奇怪，問道：「他們是誰？」這四位高人就上前應對，各說姓名，分別是東園公、角里先生、綺里季、夏黃公。高祖大為驚訝，說道：「我求公數年，但都逃避不見，如今為何追隨我兒子呢？」四人回答說：「陛下輕蔑士人，習於辱罵，臣等義不受辱，心懷恐懼，所以逃匿。但我們聽說太子為人，既仁且孝，又恭敬愛士，天下之人莫不企盼為太子效命，所以就來了。」高祖說：「有勞各位調護太子。」

四人向高祖敬酒，然後離去。高祖目送著他們，召來戚夫人，指著四人，說道：「我想改立太子，但此四人卻輔佐太子，看來羽翼已成，難以撼動，呂后就要當家作主了。」戚夫人聞言，泣不成聲。高祖說：「妳為我跳楚舞，我為妳唱楚歌。」說完，就唱道：「鴻鵠高飛，一舉千里。羽翮已就，橫絕四海。橫絕四海，當可奈何！雖有矰繳，尚安所施？」唱了數闋之後，戚夫人不斷噓唏流淚，高祖起身離去，酒宴也就結束了。（《史記．留侯世家》）

解說

張良「招賢添翼」的布局，成功地保住了劉盈的太子之位，的確堪稱「運籌帷幄，決勝千里」的智囊。

然而這場太子保衛戰，牽涉著規模更大的情境設計，主謀則是呂后。呂后陪同劉邦逐鹿中原，出生入死，平定天下，也曾獻策建功。但是呂后陰狠善妒，權力慾強，在高祖晚年，她真正想做的，是以兒子劉盈做為過渡性的棋子，然後掌握朝政，操縱天下。所以劉盈即位為惠帝，政權由呂后專攬，惠帝一死，呂后就明目張膽、堂而皇之地直接稱制達八年之久（公元前一八七～前一八〇年）。

但是，張良智慮過人，難道不知呂后的野心？如果知道，為什麼要聽命於她？

其實張良在劉邦平定天下之後，即功成不居，引退不出，晚年更是藉病杜門，服氣辟穀，不問政事。但呂后派呂澤脅迫張良出面謀劃，關鍵就在他的兒子張辟彊入宮當差，形同人質（諸侯子弟有宿衛宮廷的義務，這是朝廷控制諸侯的手段之一，其實張辟彊在高祖駕崩時才八歲左右），張良自然不得不順從呂后。

至於高祖劉邦呢？知子莫若父，知妻莫若夫。劉邦除了疼愛趙王如意之外，也一向瞧不起兒子劉盈的庸弱無能，所以才想改立太子。而他一直舉棋不定，其原因就在於顧忌呂后。

劉邦晚年常在宮內狎戲，又有疾病纏身，呂后也就漸次布局，影響力之大，不容劉邦小覷，所以想改立太子，先得名正言順地找個理由。黥布造反，正是一個機會，所以他想派太子率兵出征；沒想到卻因背後有高人相助，使呂后出面阻撓而作罷。

接著，呂后、太子偕同商山四皓出面，有正式攤牌之意，劉邦一看，知道事已不成，只能感嘆「羽翮已就」，而無能為力了。

由布衣躍身為帝王，劉邦一向相信自然的趨勢。劉邦在出征黥布時，被流箭射傷，事後箭傷轉劇，呂后延醫診視，御醫表明可治，但劉邦卻罵道：「我以平民之身，提三尺之劍取得天下，難道不是憑藉天命？我的命繫於上天，即使有神醫扁鵲，又有何用？」於是不問醫藥，不久就駕崩了。

劉邦的豁達其實參雜著無奈，因為他晚年唯一不順遂的就是改立太子不成。先前酒宴之中，劉邦看出大勢已去，叮嚀戚夫人一句「呂后就要當家作主了」，然後唱著楚歌，任由戚夫人噓唏流淚，他則獨自一人黯然離去。可見他心中擔憂的是戚夫人母子的安危。

果然在劉邦死後，戚夫人即被虐殺，而趙王如意也被毒死。嗚呼！這是否就是劉邦所謂的天命呢？

03

隋煬帝 謀位奪權

英・約翰・班揚《天路歷程》：「貪婪的人越健壯，就越傾向邪惡。」

引子

隋文帝楊堅曾經密令相士來和為幾個兒子看相，結果來和說：「晉王眉上雙骨隆起，貴不可言。」

「晉王」指的是後來的隋煬帝楊廣，他是楊堅的次子，開皇十三年（公元五九三年）被封為晉王，而楊堅的長子楊勇則是皇太子。

開皇二十年（公元六〇〇年）十月，文帝將皇太子楊勇及諸子廢為庶人，十一月時改立晉王楊廣為皇太子。

為什麼事情會有如此大的轉變？這可以分兩方面來說；一是由於楊勇際遇不順，行為略有偏失，另一原因則是楊廣安排了陰狠的情境設計。

就楊勇來說，史官稱他「性寬仁和厚」，但「率意任情」，可見他不懂得虛偽矯飾，終究為自己埋下了禍端。

有次冬至，百官到東宮「朝」覲太子楊勇，楊勇「法服設樂」，接待百官。事後文帝大為不悅，認為百官只能「賀」太子，不能「朝」太子，從此就對楊勇漸生疑慮了。

楊勇頗多內寵，尤其寵愛雲氏，但對於獨孤皇后為他選配的妃子元氏，卻毫無疼惜之意。有次元氏突發心疾，不過二日即暴斃身亡。此後雲氏專擅東宮內政，引發皇后的不滿和懷疑。皇后原本善妒，曾經暗殺受寵於文帝的宮女，所以連文帝也不敢輕易御幸其他後宮。不但如此，連朝中大臣及諸王之妾受孕，皇后都會勸文帝加以斥責。如今元氏暴斃，皇后就認為是楊勇寵妾雲氏下的毒手。於是設下了日後與楊廣合流，廢太子楊勇的計謀。

至於楊廣，他又是如何遂行奪權的計劃呢？

故事

隋文帝來到楊廣所居的府第，發現府中樂器的絃多已斷裂，又蒙上許多塵埃，似乎許久未曾使用。心中認為楊廣不喜好聲樂歌妓，十分嘉許。

楊廣善於矯飾，在當時有仁孝之美名。他曾率眾觀獵，途中遭遇大雨，左右就進獻油衣（雨具），楊廣卻說：「士卒都已沾濕，我哪裡忍心穿油衣呢？」就下令拿走。（《隋書・煬帝紀》）

晉王楊廣由駐地來朝，車馬侍從，皆極儉樸，會見朝臣，態度卑屈，於是聲名鼎盛。臨別之時，入宮向皇后辭行，一陣殷勤之後，母子互訴離情，接著，楊廣開始訴苦：「臣本性愚昧，智識低下，但常堅守兄弟之誼；卻不知何罪，失愛於東宮（太子楊勇），總是滿懷盛怒，欲加毒害。」這時皇后想起太子楊勇專寵雲氏，而太子妃元氏竟然暴斃的事，也悲憤滿懷。

楊廣心知皇后對太子楊勇已有成見，就結納權臣楊素，在皇后面前詆毀楊勇，並隨時偵伺太子的動靜，而皇后也賞賜楊素重金，心中也想廢楊勇而改立楊廣為太子。（《隋書・文四子傳》）

宣華夫人陳氏，是陳宣帝的女兒，本性聰慧，姿貌無雙。陳朝滅亡之後，被選入後宮。當時獨孤皇后善妒，後宮罕有宮女受寵，唯有陳氏極受鍾愛。而楊廣有奪權之謀，就設計陳氏做為內助，每每致贈厚禮，如進獻金蛇、金駝等物，以討好陳氏。後來皇太子廢立之時，陳氏也發揮了助力。（《隋書・后妃傳》）

楊廣又派段達賄賂東宮幸臣姬威，要他偵測太子的行跡，一有消息，即密告楊素。後來姬威直接上表密告太子非法，文帝要他知無不言，姬威就列舉楊勇許多驕奢狂妄的事證，並且提到楊勇曾令巫師預卜吉凶，結果是「至尊（文帝）生命大限是在十八年（開皇十八年，即公元五九八年），日子就快到了。」文帝聽了之後，大嘆：「誰非父母所生，竟至於此！」

接著，楊素加緊羅織罪狀，誣陷詆毀，並由太史令袁充配合入奏：「臣觀天文，皇太子當廢。」到了開皇二十年，文帝終於下令將太子楊勇廢為庶人，而由楊廣取而代之。

文帝四子楊秀在楊勇被廢之後，大表不平，楊廣怕橫生枝節，就令楊素暗中羅織罪狀。而楊廣自己則另外派人製作兩個偶像，一個寫上文帝的名字，一個寫上漢王（文帝的五子楊諒）的名字，偶像的手被繩子綁著，胸口也被釘子釘住。兩個偶像做好之後，預先埋在華山，再教楊素去挖掘出來。楊素以此為罪狀，上告文帝，於是楊秀就被廢為庶人了。（《隋書・文四子傳》）

解說

文帝有五個兒子，都不得善終。長子楊勇被廢為庶人之後，不久即被楊廣賜死；三子楊俊則因自己的妃子崔氏善妒，而被她毒死；楊廣在即位十四年後，因宇文化及叛變，與文帝四子楊秀、五子楊諒同時身死。

這些人下場淒慘，當然都可以歸罪於楊廣。楊廣費盡心機，運用矯揉造作、迎合人心、結合奸宄、顛倒是非、混淆視聽、嫁禍於人等陰狠的情境設計，固然能有效地奪位掌權，但嗣後即荒淫無度，妄理國政，當然會落入「菜蟲吃菜菜下死」的自然規律中。然而最可悲也最愚昧的恐怕就是隋文帝本人。

文帝臨死之時在仁壽宮養病，徵皇太子楊廣入宮侍疾，而楊廣卻乘機淫亂宣華夫人陳氏。文帝得知之後，立即命柳述、元巖追前太子楊勇回來，但來不及行動，柳、元二人已被楊廣偽造詔書賜死。不久，文帝隨即暴斃，到底是不是楊廣下的毒手，實在是耐人尋味。

04

齊桓公　禁絕紫衣

《韓非子・二柄》：「楚靈王好細腰，而國中多餓人。」

引子

心理學上有所謂的羊群效應，只要有人富有影響力，他的一舉一動就很容易造成群眾的盲從附和。這種情形被稱為流行，被稱為風靡，它像流水，無處不到，無孔不入；它又像風，真的無遠弗屆，無物不吹。

不管是有意或無心，風氣形成之後，當政者必須審慎評估其中的利弊得失；如果需要變革，最好的方法當然是由繫鈴人來擔任解鈴人。

春秋時的齊景公喜歡婦人女扮男裝，於是蔚為風氣，全國婦女都穿戴男裝。這時齊景公也認為非同小可，就下令禁止：「凡是女扮男裝的，將撕破她的衣服，扯斷她的帶子。」

禁令頒布之後，官吏在執法時也撕裂了很多衣服，扯斷了很多帶子，但婦女仍然保持觀望的態度，並未改變女扮男裝的風氣。景公無奈，問了晏嬰，晏嬰說：「國君喜歡宮中婦女女扮男裝，卻禁止宮外的婦女模仿，就好比在門口懸掛牛頭而偏要買馬肉一樣。不如由宮內做起，那麼宮外自然就不敢仿效了。」景公依晏嬰之議下令，果然效果良好。

景公先前之所以失敗，是因為「內外異法」，而其根本原因則在於景公的行為目標與行為決策有所歧異。

另外，請看齊桓公的事例。

故事

齊桓公喜歡穿紫衣，結果全國為之風靡，大家都爭穿紫衣。風氣持久不衰，導致紫布價格高漲，五匹素布竟然換不到一匹紫布。

桓公一看社會風氣與物價已有不正常的波動，心中十分憂慮，就對管仲說：「寡人喜歡穿紫衣，如今紫布變得異常地昂貴，全國百姓卻不願意改變這種風氣，怎麼辦呢？」

管仲說：「國君何不試著不穿紫衣，並對左右侍從表示：『我近來很討厭紫衣的氣味。』如果剛好有人進獻紫衣，國君一定要說：『稍為退後一些，我討厭紫衣的氣味。』」

桓公應允之後，當天，殿中的侍從就不敢穿紫衣；第二天，都城之內沒有人穿紫衣；三日之後；全國境內也沒有人穿紫衣了。（《韓非子．外儲說左上》）

解說

這一則事例不論是寓言，或是歷史上的小插曲，它所寓含的信息卻一直是古今中外管理學上的重大課題。因為：

1. 群眾接受領導者的示範或暗示。
2. 群眾中的成員會意識到什麼是群眾的「主流特質」，然後起而效尤，再互相感染，最後則是全體一致。
3. 群眾行為趨於一致的時候，將衍生出非邏輯性的情緒活動。

桓公由個人「好紫衣」，到「全國人皆穿紫衣」，以至於「五匹素布換不到一匹紫布」，這三個過程完全符合群眾心理的形成過程。而桓公意識到群眾的行為缺乏理性的時候，管仲則建議他採用「逆向思考」，也就是不由群眾著手，而由自身著手，強迫自己做「擬態」式的布局。

但是，問題來了，所謂「擬態」就是「偽裝」，一個領導者不應冒險去「偽裝」，也不應該冒險做出前後相反的行為示範。管仲為什麼卻反其道而行呢？這是因為：

1. 前次的行為引起不當的效尤，是桓公無意識的示範；知道桓公好穿紫衣的只有桓公自己，與管仲二人。
2. 後面的行為是刻意經營的情境，是透過「明示」來傳導，一來可以洗清群眾的舊有印象，二來可以強化布局的效果。

05 商鞅　變法圖強

《申鑑・政體》：「法不定，政多門，此亂國之風也。」

引子

戰國時期維持二百五十七年，初期列強大約保持均勢，一直到一百一十七年之後，即秦孝公即位時（公元前三六一年）起，秦國才開始打破均勢，有了獨強的姿態。而秦孝公開展霸業，則與商鞅密切相關。

商鞅原是衛國庶出的公子，姓公孫氏，後因變法有功，受封為商君，所以所謂的衛鞅、公孫鞅、商君、商鞅，都是同一人。

秦孝公即位之後，下令招賢納士，圖謀恢復春秋時期秦穆公的霸業，於是商鞅就由衛國趕赴秦國，依靠景監（孝公之寵臣）的引介求見孝公。

第一次面見孝公時，商鞅說的是「帝道」，結果孝公一直打瞌睡，事後責怪景監所薦非人。

第二次，商鞅說的是「王道」，孝公頗有興趣，但不願採用。

第三次，商鞅說的是「霸道」，孝公聽得興起，不自覺地往前靠，一連交談數天也毫不感到厭倦。

孝公接納商鞅之後，商鞅就想推行變法的計劃。但孝公怕受天下議論，於是先設了一場辯論會。會中商鞅主張：「論大德不必附和世俗，成大功不必謀於群眾。只要可以強國，不必依循舊法，只要可以利民，不必遵行舊禮。」甘龍則主張：「順應民情，頒布教化，事半功倍；依循舊法，施行統治，官民兩便。」商鞅則反駁說：「夏、商、周三代禮制不同，但都可以稱王；春秋五霸法令不同，但都可以稱霸。」另一位大臣杜摯則說：「沒有百倍的利益，不冒險變法；沒有十倍的功效，不隨便改制。遵照古法才不會有過失，依循舊禮才不會有邪惡。」商鞅則堅決表示：「治理世務要懂得權變，圖利國家不能食古不化。所以商湯、周武王因為能變通而稱王，夏朝、商朝卻因依循舊制而滅亡。反對傳統並非罪過，因循舊制並無利益。」

一場辯論會之後，孝公任命商鞅為左庶長，並決定變法。而接下來商鞅怎麼做呢？

故事

新法規定：民眾五家為保，十保相連，彼此連坐，一家犯罪，連保的各家同受其罪。不告密的要受腰斬，告密者與戰場殺敵斬首者功勞一樣，掩護犯罪者與投降敵軍者處罰一樣。

一家有兩個壯丁而不分家，加倍課稅。有軍功的人，各依功勳受賞；民間私鬥，各依情節輕重受刑。努力從事本業，不論耕種、紡織，能超額生產的人，可以免除徭役；從事小利的工商匠人，及因怠惰而貧窮者，全部充當公家的奴僕。王室宗親如果沒有軍功，不得列入簿籍、享受特權。列明地位之尊卑，及爵位、俸祿之等級，循序分配田產，僕妾、衣服也依等級各有定制。對國家有貢獻的人可以獲得褒揚，沒有貢獻的人，即使富有也無法榮耀。

法令訂好之後，尚未公布。商鞅擔心無人相信這部新法，就在國都的南門豎立一根三丈長的木椿，發出懸賞：只要有人將木椿移到北門就可以獲得十斤黃金。人民當時都覺得不可思議，所以沒人敢搬動它。於是商鞅再度下令：能搬移到北門就賞五十斤黃金。後來果真有人搬移了木椿，商鞅就給予五十斤黃金，表明說到做到。接著，就正式頒布新法。

一年之後，由秦國各地前往國都申訴新法弊病的有千人之多。這時，太子觸犯新法。商鞅說：「新法不能順利施行，是因為高層權貴違犯法令。」於是準備依法處罰太子。但太子是國君的繼承人，不能受罰，只好由太子的師傅公子虔代為受罪，而另一個師傅公孫賈則被處以黥刑（臉上刺字）。

第二天起，秦國上下都開始恪遵新法，十年之後，法令發揮效用，人民安樂，路不拾遺，治安良好，家給戶足；人民勇於作戰，不敢私鬥，各地都繁榮而安定。當初申訴法令有弊病的一些人，如今反而倒過來頌揚法令的好處。商鞅則說：「這些都是擾亂教化的人民。」就將這些人都送到偏遠的邊界去。從此，人民不敢再批評政令了。（《史記．商君列傳》）

解說

商鞅變法是一項符合現代「系統思考理論」的布局，因為變法是一項有前因後果而且持續進行的過程，其中有授權者、執法者與被統治的人民，已構成交互作用的完整系統。

整個過程除了有生動的戲劇性，還有縝密的完整性：

1. 先以循序漸進的方式試探授權者秦孝公，確認孝公的行為目標不在帝道，不在王道，而在霸道；而在試探的過程中，同時已確認孝公有執行決策的耐心與決心。
2. 頒布新法之前，先懸賞搬移木樁，藉以建立執法的公信力。

3.太子犯法，不能受罰，但藉由公子虔、公孫賈的替代作用，仍然可以表現充分的公權力，使「王子犯法與民同罪」的印象深植人心。

4.新法實行十年以上，證明執法者持續的決心，足以摒除民心的觀望。

5.議論新法的人被驅逐到偏遠的邊界，這項措施足以確立新法的崇高性。

其實最重要的還在於變法有它的速效性，確實能使秦國人民安樂，國富兵強。

06 叔孫通 制訂朝儀

宋．楊萬里〈代蕭岳英上宰相書〉：「利於私，必不利於公；公與私不兩勝，利與害不兩能。」

引子

識時務者為俊傑，而叔孫通即是其中的佼佼者。

叔孫通是薛（今山東滕縣東南）人，擔任秦朝的「待詔博士」。秦二世時，陳勝、吳廣起義，二世召集博士儒生們，問是何事。許多博士儒生都說是有人造反，沒想到二世極度忌諱有人造反，聞言之後，勃然大怒。叔孫通趕緊上前說陳勝等人只是一群鼠竊狗盜，不足掛齒。二世這才寬心，然後一一詢問其他人，這時有人說是造反，有人說是盜竊。事後，說是造反的，都下獄；叔孫通則受賜衣裳一襲、絹帛二十匹。出宮之後，有人問叔孫通：「先生為何那麼諂媚？」叔孫通說：「先生不知道呀，我幾乎脫離不了虎口呢！」於是就開始逃亡了。

叔孫通先是投奔項梁，而後是楚懷王心、項羽，最後則是歸附漢王劉邦。

叔孫通本來是穿儒服，劉邦十分憎厭；他就改穿短衣，而且是楚人所製的，劉邦很高興。

叔孫通歸附劉邦時，有儒生弟子百餘人追隨他，但叔孫通不曾推薦這些人給劉邦，反而推薦那些他曾說過的「鼠竊狗盜」。追隨者十分不滿，在背後暗罵，叔孫通說：「現在是以武力爭天下的時候，各位能戰鬥嗎？此時只能先推薦可以斬將搴旗的壯士，請各位等我一些時候，我不會忘記各位的。」後來漢王劉邦任命叔孫通為博士，號稱「稷嗣君」。

追隨者對看起來狡猾、阿諛、投機的叔孫通當然會不滿，而叔孫通則要他們等待，但到底要等到什麼時候呢？

故事

劉邦稱王的第五年（公元前二〇二年），諸侯共尊漢王為皇帝。當時劉邦去除秦朝的嚴法苛儀，一切從簡。而群臣飲酒爭功，有時在醉後大呼大叫，甚至拔劍擊柱，劉邦十分憂慮。叔孫通知道劉邦心中愈來愈厭惡群臣不懂禮數，就乘機毛遂自薦，希望為皇帝制訂朝儀。劉邦擔心禮儀繁難，但經解說之後，說道：「你試著做吧！但要我做得到才行。」

於是叔孫通徵召了魯國儒生三十餘人，但有二名儒生不肯來，說道：「你所事奉的主人將近有十個，而且你都靠當面阿諛才受賞識……你走吧！不要污辱我。」叔孫通笑著說：「你們真是鄙儒，不知時變。」

叔孫通率領著徵召來的三十餘名儒生，加上高祖劉邦左右的學者數人，及追隨的弟子百餘人，在野外布置場地，演練了一個多月。然後請高祖劉邦來到現場，叔孫通下令演練一次，高祖看過之後，說：「我做得到。」於是頒令群臣學習，預定十月啟用。

公元前二〇〇年，長樂宮建成，諸侯、群臣都在十月上朝。

朝儀規定：在黎明時，由謁者（迎接賓客的近侍）依次引領群臣進入殿門。殿門之內是廣場，廣場上布置車騎、步兵，陳列兵器，懸掛旗幟。

接著，由殿內傳呼「趨！」群臣才進入殿內。殿下共有郎中（侍衛）數百人之多，肅立在臺階兩側。功臣、列侯、諸將軍、軍吏依序陳列在西方，面對東方；丞相及以下的文官則陳列在東方，面向西方。

大行人（掌賓客之禮）之下又設九賓，負責傳令上下，一切安排妥當之後，皇帝的輦駕才緩緩由內宮出來——然後百官依次引領諸侯王以下至俸祿六百石的官吏向皇帝行禮奉賀，所有臣僚莫不震恐肅敬。

禮畢，又擺設「法酒」，殿上陪侍的群臣都伏身低首，依尊卑之次第向皇帝敬酒祝賀。九巡之後，謁者傳呼「罷酒！」

御史（掌糾查）在場內執法，行禮不合朝儀的，都會被帶走；所以朝會、酒宴之中，沒人敢喧譁失禮。

於是高祖說：「我到現在才知道皇帝的高貴。」就任命叔孫通為太常（禮官），賞賜黃金五百斤。（《史記・劉敬叔孫通列傳》）

解說

叔孫通個性投機，但他識時務，通權變，精於布局，例如：

1. 了解人性。所以知道二世忌諱有人造反而能巧辯脫困，知道劉邦輕視儒生而改換服裝。
2. 洞悉世局。用兵之時先推薦壯士，安定之後才制訂朝儀。
3. 預擬情境。先是建議，然後沙盤推演，再請皇帝試行；情境之設計是依序而行，才能逐步獲取信任與採納。因為他深知劉邦雖是一個厭棄詩書、蔑視禮法、文化素養極低的大老粗，卻也是一個能見風轉舵、行為可變度極為高超的領導者。

4.搔著癢處。劉邦看過秦始皇的儀仗，說了一句：「大丈夫當如此也。」可見他的行為目標當然是威風凜凜的一國之君。沒想到手下群臣竟然不顧君臣儀節，醉後舞劍，實在令他厭惡。如今朝儀訂下之後，殿中井然有序，隆重、嚴肅、盛大、莊嚴的場面，使他威風十足，充分滿足了他的成就感。

陸賈時常對劉邦大談詩書，劉邦罵道：「迺公馬上得天下，安事詩書？」陸賈則回他一句：「馬上得天下，寧可以馬上治之乎？」劉邦也有所省悟，畢竟爭天下與治天下是兩回事。而這或許也是叔孫通情境設計得以順利奏效的原因。那麼，叔孫通到底是投機客，還是識時務的俊傑，似乎已經不言可喻了。

07 陳勝　篝火狐鳴

德・費爾巴哈《宗教的本質》：「宗教的前提，是意志與能力之間、願望與獲得之間、目的與結果之間、想像與實際之間、思想與存在之間的對立或矛盾。」

引子

自有人類，就有鬼神崇拜，所以歷史上不乏「裝神弄鬼」的謀略。

東漢靈帝時，鉅鹿（屬今河北）人張角，傳授法術，號稱「太平道」，專用咒語、符水為人治病。

張角分派弟子四出傳教，十餘年之間，聚眾數十萬，遍布於青、徐、幽、冀、荊、揚、兗、豫八州。張角分設十六方，大方萬餘人，小方六、七千人，各有首腦治理。他們宣稱：「蒼天已死，黃天當立，歲在甲子，天下大吉。」然後用白土寫「甲子」於京城、寺門、州縣官府。

張角派馬元義往來京師，以中常侍封諝、徐奉為內應，約定起事日期，結果事跡敗露，馬元義被車裂於洛陽。

張角事後立即敕知各方，同時俱起，皆戴黃巾作為標幟，人稱黃巾賊。張角自稱「天公將軍」，其弟張寶為「地公將軍」、張梁為「人公將軍」，所到之處焚燒官府，劫掠村邑，旬月之間，天下響應，京師震動。但最後仍被皇甫嵩、朱儁等人平定。

張角之所以失敗，簡單來說，就是藉「鬼神」處理「人事」，以「替天行道」為藉口，到處燒殺劫掠。

秦末陳勝、吳廣起兵造反，也曾藉助「鬼神」，他們怎麼做呢？

故事

秦二世元年（公元前二〇九年）秋七月，朝廷遣派戍卒到漁陽（今北京市密雲縣），其中有九百人暫時屯駐大澤鄉（今安徽宿縣），陳勝、吳廣擔任屯長。

當時遇到大雨，路不通，估計不能如期趕到漁陽；不能如期趕到，依秦法要受處斬。

陳勝、吳廣於是計劃：「如今逃亡免不了一死，造反也會死，既然都是死，還不如造反、成大事。」

陳勝說：「天下受到秦室的迫害已經很久了。我聽說當今的二世皇帝不應被立，應當登基的是公子扶蘇。扶蘇因為數度上諫，所以被派到邊界帶兵，如今聽說被二世羅織罪名加以殺害。但百姓只知他很賢能，卻不知他已遇害。另外，項燕是楚國將領，常建立大功，撫愛士卒，楚人極為推崇他；如今有人認為他已死亡，有人認為他是逃亡。現在如果結合群眾，詐稱自己是公子扶蘇、項燕，然後在天下之間加以宣傳，應該會有很多人響應。」吳廣認為有道理。

於是二人就請人占卜，占卜者知道他們的用意，就說：「足下的大事必然成功。」藉由占卜，他們聯想到了鬼神，於是展開計劃。

首先，他們在綢布上用紅字寫著「陳勝王」，然後塞入已被魚網撈起的魚的腹內。戍卒買魚煮食，發現了魚腹中的文字，十分訝異。

接著，又令吳廣偷偷跑到附近的神廟，在夜裡點著燈籠，學著狐狸的聲音，叫著：「大楚興，陳勝王。」戍卒在夜裡聽到，都深覺驚恐。天明之後，大家口耳相傳，都看著、指著陳勝。

不久之後，陳、吳二人藉機殺了率領戍卒的將尉，而後召集眾人，說道：「各位遇到大雨，必然不能如期趕到，依法將被處斬；即使不被處斬，一般戍守外地，十之六、七也會死亡。壯士不死則已，要死也得圖個大名，那些王侯將相難道都是天生的嗎？」眾人一聽，都表示願接受差遣。

隨後，他們順從民心，詐稱是公子扶蘇、項燕的隊伍，袒露右肩，號稱「大楚」，陳勝為將軍，吳廣為都尉。他們隨即一路攻掠，在短短的時間內就召聚了六、七百輛車子，千餘騎兵，數萬名士卒，陳勝於是自立為王，號「張楚」。（《史記．陳涉世家》）

解說

陳勝稱王，為期只有六個月，後來漢高祖劉邦為他安排三十戶人家守墓，所以祭祀不絕；這是因為秦末之時，陳勝首先發難，為劉邦逐鹿中原奠下了基礎。陳勝起義固然失敗，但他能由一介平民，轉而成為號令一方的王侯，其中自然有值得探索的地方。

陳勝受情勢所迫，必須做最佳的抉擇；而他的抉擇既是造反，所需要的就是形象與群眾。以下就是陳勝從無到有的經營術：

1. 藉鬼神打廣告。陳、吳二人以「藏書魚腹」、「篝火狐鳴」的方式製作神蹟，營造形象。

2. 藉他人的資源作行銷。打著公子扶蘇、項燕的名義，行個人造反的事實；就像當今「借殼上市」的模式，利用他人的品牌，行銷自己的產品。

3.利用人性。形象確立之後，又掌握人性，以「王侯將相本無種」的觀念誘引隨時可能死亡的群眾，群眾眼光的焦點立刻由死亡轉向王侯將相。

如果再出現同樣的局勢，而且能夠運用陳勝的情境設計，相信政壇上必定出現大黑馬，商場上必定出現暴發戶。

08 孟嘗君　狡兔三窟

《論語・衛靈公》：「人無遠慮，必有近憂。」

引子

放長線可以釣大魚，但在釣大魚之前，必有一段難耐的守候，甚至可能引起旁人的狐疑與不屑。

蔣夢麟在民國初期即曾引介馬爾薩斯（Thomas Henry Malthus）的《人口論》（*Essay On the Principle of Population*），並且主張節育，結果引來「漢奸」的罪名，說他要亡國滅種；但數十年之後，事實卻證明他是先知先覺。

毛澤東迷信人口即是實力，甚至使用「人海戰術」參與韓戰；但數十年之後，中國大陸卻不得不實施「一胎化」的節育政策。

情境設計來自於行為目標，行為目標有短、中、長期的分別，情境設計就必須依時間的進程作規劃。但是長期目標往往因為時機未到而顯得空洞且不切實際，甚至與短期目標有所衝突。這時就需要做理性的判斷，與情緒的管理。

故事

話說馮諼（或作馮驩）受託到孟嘗君（田文）的封地薛（屬今山東）去收債，結果不但收不到多少錢，還燒毀了許多債券。因為他認為反正無力償還債務的，將來勢必也無法償還，就索性燒毀債券以換取民心。但他兼程回來報告之後，還是引起孟嘗君的不悅。

過了一年之後，齊王（湣王）對孟嘗君說：「寡人不敢以先王（宣王）的臣子為臣子。」就免去孟嘗君相國之職，而孟嘗君也只好返回薛邑。他起程之後，離薛邑尚有百里之遙，薛邑百姓即扶老攜幼在路上迎接孟嘗君。孟嘗君看到此情此景，回頭對馮諼說：「先生為田文買回的道義（燒債券換民心），如今都看到了。」馮諼說：「狡兔有三窟，才勉強能免除死亡的恐懼。如今吾君只有一窟，還不能高枕無憂，我希望再營造兩窟。」

孟嘗君於是給予馮諼五十輛車、黃金五百斤，讓他去游說梁國（即魏國）。

馮諼見了梁惠王之後，說道：「齊國將大臣孟嘗君放逐給諸侯各國，先迎聘孟嘗君的諸侯必然國富兵強。」於是梁王就空出最高的職位，將宰相調為上將軍；然後派使者帶著黃金一千斤、車駕一百輛，浩浩蕩蕩地去迎聘孟嘗君。

使者出發之後，馮諼就趕在前頭回國告誡孟嘗君：「黃金千金，是貴重的聘禮；車駕百輛，是顯赫的使者。齊王想必會知道！」結果梁國使者來了三次，孟嘗君都堅持不去梁國。

齊王聽到消息之後，君臣恐懼，就派太傅載著黃金千斤、彩車二輛、佩劍一把，並送了一封信給孟嘗君，向孟嘗君謝罪：「寡人不好，受宗廟祖先降災，又被諂媚的臣子蠱惑，以至於得罪了先生。寡人實在不值得先生幫助，但還是希望先生顧念宗廟祖先，就姑且回國治理萬民吧！」

在孟嘗君恢復相位之後，馮諼再度告誡孟嘗君說：「希望能迎請祭祀先王的禮器，在薛國建立宗廟。」宗廟完成之後，回報孟嘗君：「三窟業已完成，吾君可以高枕無憂了。」

孟嘗君當相國數十年，連微細的災禍都沒有，這是得力於馮諼的計策。（《戰國策・齊策四》）

解說

從大自然汲取教訓，是人類可貴的智慧。狡兔營造三窟，牠的行為目標只是保命。而馮諼為孟嘗君營造三窟，行為目標雖然較為複雜，但基本上還是為了保命。馮諼的布局是「步步為營」，「戰戰兢兢」，而其技巧則在於：

1.捨小取大，棄短就長。貸款取息是有限的利益，焚燒債券，換取民心則有無窮的效應。所以即使罷去相位，仍有薛邑作為安身之所。這是第一窟。

2.牽藤引絲，側擊造勢。正面抗爭，無益於事，迂迴轉進，可立大功。所以游說梁王（《史記・孟嘗君列傳》則說是秦王），營造此棄彼取的情境，使齊王再度迎聘孟嘗君；既無損於自尊，又達成行為目標。這是第二窟。

3.借助血緣，鞏固根本。孟嘗君田文的父親田嬰是齊湣王的叔叔，換句話說，孟嘗君與齊湣王是同祖父（齊威王）的堂兄弟。馮諼為孟嘗君立了宗廟之後，即使孟嘗君將來相位不保，齊王對他也不致趕盡殺絕；畢竟就常人來說，決不會無故拆毀奉祀自己祖先神靈的牌位。這是第三窟。

09 馮諼　燒券市義

明・呂坤《呻吟語・應務》：「肯替別人想，是第一等學問。」

引子

試探是一種藝術。

戰國齊人馮諼，因貧困無法生活，於是經由請託，希望寄食在孟嘗君門下。孟嘗君問：「你喜歡什麼？」馮諼說：「沒有什麼嗜好。」孟嘗君又問：「那你有什麼才能？」馮諼說：「沒有什麼才能。」孟嘗君笑著接受了。而孟嘗君的隨從認為主人看輕馮諼，所以就為馮諼準備粗食。

過了一陣子，馮諼靠著柱子，以彈劍作節拍，唱著歌：「長劍啊！何不回去呢？在這兒連魚都沒得吃哩！」孟嘗君的隨從就向孟嘗君報告。孟嘗君說：「供應他吧！比照其他有魚吃的賓客。」又一陣子之後，馮諼又彈著劍鞘唱起歌：「長劍啊！回去吧！出門連車子都沒有呢！」隨從們都譏笑他，並向孟嘗君報告。孟嘗君說：「供應他車駕，比照門下有車駕的賓客。」

於是馮諼就坐著車，舉著劍，四處拜訪他的朋友，說道：「孟嘗君以賓客之禮款待我。」再過一陣子，又彈起劍鞘唱著歌：「長劍啊，回去吧！在這兒無法照顧家裡呢！」隨從們都厭惡馮諼貪婪不知足。但孟嘗君卻問道：「馮先生有親人嗎？」馮諼說：「老母在堂。」孟嘗君就派人供給馮母生活所需，使她無虞匱乏，從此馮諼就不再唱歌了。

其實馮諼是在試探孟嘗君，而不厭其煩的孟嘗君也的確表現出寬宏的器量。當然，在試探之後，馮諼心儀其人，日後也義無反顧，竭盡所能地為孟嘗君完成許多功業。

故事

孟嘗君田文，戰國齊湣王（公元前三〇〇～前二八四年在位）時任相國，在薛有萬戶食邑。他門下有食客三千人，食邑的收入不足以養客，所以就貸款給薛人以收取利息。

經過一年多，薛人尚未還債，甚至貸款者也大多未能交付利息。眼看著養客的經費即將無法支付，孟嘗君十分憂慮，詢問是否有人可以赴薛收債，傳舍長（掌理客舍之總管）就推薦馮諼。孟嘗君以禮相邀，馮諼也一口應諾。

馮諼辭行之後，來到薛邑，就召集貸款人聚會，會中收到利息十萬。馮諼就拿錢叫人釀了美酒，買了肥牛，然後再度召集貸款人，而且表明不論是否能夠支付利息，都得來核對債券。貸款人到齊之後，馮諼就命人擺酒、殺牛，宴請大家。酒酣耳熱之時，馮諼拿著債券，一一與貸款人核對，凡是能支付利息的，就約訂還債的日期；因貧窮而無法支付利息的，就將債券收回而後焚毀。

事後，馮諼向大眾宣示：「孟嘗君之所以貸款給各位，為的是讓貧困的人民藉以謀生；而求取利息的目的，則在於需要金錢來養客。如今有能力償還的，重新約定時間償還；貧困而無力償還的，債券都已燒毀了。各位請多用一些酒菜吧！有這種主君（孟嘗君即薛公），豈可辜負呢？」在座者聞言，都起立，遙拜孟嘗君。

後來孟嘗君因為位高權重，引起齊湣王的疑忌，就免去他相國的職務，孟嘗君只好返回薛邑。而在回封地途中，百里之外，薛邑百姓扶老攜幼，熱情歡迎。這時，孟嘗君回頭對馮諼說：「先生為我做的事，今天終於看到成果了。」（《史記・孟嘗君列傳》及《戰國策・齊策四》）

解說

天有不測風雲，人有旦夕禍福，這是千古不移的道理，尤其從事政治者，更能體會人事的無常。

馮諼焚燒債券，其實是不得已的情境設計，理由如下：

1. 第一次召集貸款人，收到利息十萬，應該只是小數目，而且必然有很多人未到場，所以逼不得已才有二度召集之舉。
2. 不花錢準備牛、酒，就不能使貸款人全部與會；未能全部與會，就無法得知貸款人的經濟狀況。
3. 有償債能力者，另行約定償債的時間，這是合情合理的寬容。
4. 無償債能力者，如果拖延愈久，利息愈重，到時只有逃亡避債一途。如此一來，孟嘗君必然背負好利欺民的罪名，所以不如燒券以換取愛民的聲譽。

所以馮諼的情境設計是不得已而為之的，但至少可以收到涵蓋短、中、長期的效益。短期的效益是第一次聚會收到部分款項，足以應急，中期的效益則是日後隨時有後續款項可以進帳，而長期效益則是換取民心。

10 司馬昭 借敵攻敵

《兵經百字·借字》：「己所難借，假手於人，不必親行，坐享其利。」

引子

三國時期魏國征東將軍諸葛誕屯駐淮南，防備吳國。他的好友夏侯玄、鄧颺、王淩等人相繼死亡之後，朝廷權勢已由司馬昭把持，所以他感到孤立無援，於是大開財庫，施財救困，刻意赦免一些不該赦免的罪犯，以收買人心，並收留、訓練揚州一帶的俠客數千人。剛好吳國計劃向徐堨（今巢湖之東）進軍，諸葛誕就藉此機會向朝廷請求增派十萬兵馬以固守壽春（屬今安徽），又建請在淮河沿岸築城，以防範吳國入侵。

當時司馬昭剛掌控朝廷政權（任職大將軍），長史（祕書長）賈充建議派幕僚慰勞駐防各地的將軍，並伺探他們的心意。於是司馬昭派賈充前往淮南。賈充見了諸葛誕，說道：「洛陽（京師）各界的賢者都願意皇帝禪讓（司馬昭想取而代之），將軍認為如何？」諸葛誕聲色俱厲地說：「你不是賈逵（曾守豫州）的兒子嗎？你世代都蒙受魏朝恩惠，怎麼能把政權隨意移交他人呢？如果洛陽有變，我會拚死反對。」

賈充回去之後，對司馬昭說：「諸葛誕兩度駐守揚州，頗得眾人擁護。如果召他入京，他一定不肯來，而且必然叛變，不過為禍較小；如果不召他入京，他必定延後再叛變，但為禍較大。所以，不如召他入京。」

不久朝廷就召諸葛誕入京，並改命他為司空。諸葛誕一接到詔書，心中恐慌，懷疑是揚州刺史樂綝出賣他，於是殺了樂綝。然後，他集結淮南、淮北屯田的十餘萬官兵，以及在揚州剛召募的四、五萬兵員，並且囤積足夠食用一年的糧食，計劃割地自守。接著，他又派軍中長史吳綱帶著自己的少子諸葛靚到吳國，向吳國稱臣，請求救援，同時表示願用營官的子弟作人質。

諸葛誕的叛變正在司馬昭、賈充意料之中，接下來司馬昭會如何因應呢？

故事

甘露二年（公元二五七年）六月，司馬昭奉皇帝曹髦與郭太后出征諸葛誕（怕皇帝與郭太后另生枝節，故挾兩宮出征）。

吳國方面，吳綱來到吳國之後，吳人大喜，派將軍全懌、全端、康咨、王祚率三萬兵馬，與文欽一同趕來救援諸葛誕；並任命諸葛誕為左都護、假節、大司徒、驃騎將軍、青州牧，封壽春侯。

當時司馬昭督率諸軍部隊二十六萬人屯駐丘頭（屬今河南），派鎮南將軍王基、安東將軍陳騫等人包圍壽春。王基等人來到時，尚未完全將壽春圍住，文欽、全懌等人由壽春東北，藉著險要的山勢進發，得以全數入城。

不久，王基等人將壽春團團圍住。

七月，吳國大將軍孫綝大舉出兵，屯駐鑊里（今巢湖之東岸），派出朱異率將軍丁奉、黎斐等五人為壽春解圍。結果朱異的部隊被魏國將軍石苞、州泰攻破，米糧輜重則被胡烈焚毀。朱異的餘兵一路採食野菜，逃歸孫綝的營區；孫綝下令朱異再拚死出戰，但士兵因已連日缺乏糧食，不願聽命。孫綝十分憤怒，就在軍中斬殺朱異，然後撤兵退回建業（吳國京師，即今南京市）。

接著，司馬昭施用反間之計，揚言「吳國援兵即將來到，而魏國軍隊缺乏糧食，已分別遣送弱、病的士兵到淮北有糧食的郡縣，恐怕無法長久圍困壽春。」於是諸葛誕等人就放寬配給，加速了糧食的消耗；不久，糧食短缺，但外援仍然未來。

諸葛誕麾下將領蔣班、焦彝這時開始浮躁不安，主張棄守為攻；而吳國將領文欽則主張維持堅守一年的原議，以等待外援。雙方爭執白熱化之後，諸葛誕想殺了蔣班、焦彝，蔣、焦二人心中恐慌，就在十一月爬出城牆，投降於魏軍。

接著，全懌的姪子全輝、全儀由於在建業與族人不合，就帶著母親及部眾數十家投奔魏國。司馬昭採用鍾會的謀略，偽造全輝，全儀的字跡寫信，派全輝、全儀的心腹帶著信進入壽春城，告訴全懌等人：「吳國抱怨全懌等人不能挽救壽春，想殺光他們全家。」到了十二月，全懌等人就率領數千人開門出降。

到了甘露三年（公元二五八年）正月，文欽主張乘魏軍不備之際出戰，諸葛誕、唐咨等人也都同意了。於是大舉出戰，但連攻五、六日，死傷遍地，仍無法突圍。此時城中糧食更趨缺乏，出城投降的人有數萬之多。

文欽希望把北方人（原壽春居民）都送出城，以便節省糧食，但諸葛誕不肯，於是雙方結下了心結。諸葛誕利用與文欽會面討論的機會，殺掉了文欽，文欽的兒子文鴦、文虎就率兵向司馬昭投降。司馬昭則奏報文鴦、文虎為將軍、賜爵關內侯。城中吳軍聽說之後，雖然日見飢餓、困窘，心中卻十分高興。

司馬昭親臨圍城現場視察，發現城上守衛的士兵雖然手持弓箭卻不發射，就說道：「可以進攻了！」於是四面進軍，鼓噪登城。

二月，魏軍攻克壽春，諸葛誕想率兵出城，卻被胡奮帶兵加以斬殺。唐咨、王祚等人則投降。（《資治通鑑・魏紀八》）

解說

司馬昭的布局可分兩方面來看，一是政治，二是戰略。就政治布局來說，「司馬昭之心，路人皆知。」（魏帝曹髦之語），他既有僭奪之意，就必須清除異己，所以才會逼諸葛誕叛變。但他已明目張膽地專擅朝政，怕出征時朝廷生變，所以才脅迫皇帝與太后隨同出征。

至於戰略布局，則是韜略精深。

1. 謀定而後動。司馬昭認為「壽春城堅固而且兵馬眾多，強攻必然不利；如果再有吳國外援，我方將兩面受敵，所以不能強攻急進。如今三名叛賊（諸葛誕、文欽、唐咨）相聚城中，我將一舉予以殲滅。我方只要堅守三面，等吳軍北上之時，斷其糧道，就可以不戰而破；吳軍一破，文欽等人必然束手就擒。」事後果然不出司馬昭所料。
2. 運用反間之計。迫使城中內鬨，又誘騙全懌投降。

3.分封降將。善待文鴦、文虎，使圍城中的士卒竟然不憂反喜。

司馬昭固然狂妄，但卻精明過人。

11 吳起 激勵士氣

明・王鳴鶴《登壇必究・教兵》：「練兵之法，當先練心。」

引子

戰場決勝，靠的是有形的戰力與無形的士氣，而無形的士氣可以經由情境設計來提升。

諸葛亮在《將苑・勵士篇》中曾說：「能提供尊貴的地位，豐富的財富，戰士自然聞風而來；待之以禮，信守承諾，戰士自然樂意效命；施恩不倦，執法一致，戰士自然心服口服；作戰時身先士卒，論功時謙卑退讓，戰士自然奮勇出戰；小善必然登錄，小功必然獎賞，戰士自然受到鼓舞。」

這是領導統御的守則，諸葛亮如此主張，吳起也如此主張。

故事

吳起（卒於公元前三八一年），衛國人，大約在公元前四〇九年投奔魏國，魏文侯派他鎮守西河（今陝北黃河以西），以對抗秦、韓。

公元前三九七年，文侯卒，武侯繼位，吳起繼續效命，固守西河，待在魏國大約有二十五年之久。魏國能夠在戰國初期稱雄一方，國富兵強，吳起的確有所貢獻。

有次武侯問道：「賞罰嚴明是否足以致勝？」

吳起可能認為武侯的問題不夠周延，可是又不便全面加以否定，就說道：「關於賞罰嚴明的事，臣未能盡知其詳。雖然賞罰嚴明是必要的，但是如果想戰勝，光靠這樣是不夠的。發號施令時，人們樂於接受；興師動眾時，人們樂於作戰；短兵相接時，人們樂於拚命。這三項才是國君務必做到的。」

武侯說：「要達到這樣的效果，必須如何做呢？」

吳起說：「請國君察舉有功的人，並邀宴慰勞；對尚未建功的人，也要加以激勵。」

於是武侯就在宗廟大廷設下三排宴席，以慰勞士大夫。凡是曾經建立上等功勳的人就坐在前排，宴席之中有貴重的器皿，以及豬、牛、羊三牲。有次等功勞的人，坐在中排，器皿、菜餚則較為遜色；至於未曾有功的人，則坐在後排，器皿、菜餚就更粗糙。

宴會結束之後，在宗廟門外，又依功勞的等級分別獎賞立功者的父母妻子。有人為國犧牲了性命，則每年必定派人慰問、賞賜他的父母，宣示國家並未忘卻他們的忠心。

施行三年之後，秦國發兵攻擊魏國。魏國人知道了這件事，還未等到官方頒布動員令，就已經有上萬人自動武裝，全力迎擊秦軍了。

於是武侯召見吳起，對他說：「先生前日的教誨果然有效。」

吳起回答說：「臣聽說人的才能各有優缺點，士氣也是時有盛衰。現今假設國君命臣率領未曾建功的戰士五萬人出征，萬一不能戰勝，必然受諸侯恥笑，而且將使我國失去舉足輕重的地位。另外，假設有一名凶狠、不顧性命的盜賊潛藏在原野之中，命一千個人去追捕他，這一千個人必將戒慎恐懼。為什麼？因為他們怕盜賊突然出現而害了自己。所以，只要有一個人敢拚命，就足以震懾一千個人了。現在，臣將五萬大軍變成一個敢拚命的盜賊，率領他們出征，必定所向無敵。」

武侯於是依從吳起的提議，撥交精良的戰車五百輛，戰馬三千匹。最後，攻破秦國五十萬大軍。

這是激勵士氣的功效。（《吳子．勵士第六》）

解說

吳起擅長帶兵，他當將領時，與階級最低的士兵穿同樣的衣物，吃同樣的飲食；睡覺的時候不設席，行進的時候不騎馬，平日親自背負糧食，與士卒共分勞役。甚至有士兵長了膿瘡，也親自為他吸去毒膿。

但帶兵還只是小規模的領導統御，他對武侯的建議才是擴及全國的領導統御，這是一項大規模的布局，而其技巧則在於：

1. 掌握決策者的行為目標，也就是迎合武侯富國強兵的慾望。
2. 掌握人性，先依功勞之高低、有無，將人劃分為三等，再勾勒出人們可以追求的共同前景。於是有功者嚐過甜頭，會繼續追求；無功者受到激勵，也會搶建功勞。

可惜的是，吳起畢竟只善於實行上對下的領導統御，卻不善於下對上的逢迎吹捧。有次武侯巡視西河，對著吳起得意地說：「美哉！山河險要，這是魏國之寶。」吳起卻過於直率地潑他冷水，說道：「國家之寶在於國君的德行，而不在於山河的險要。」於是武侯心中就留下了陰影，事後經由王錯的挑撥，吳起就不得不黯然地離開魏國。原因很簡單，一個國君實在不易容忍手握軍權、功高震主，而又不會適切逢迎的臣下。
吳起說的對：「人的才能各有優缺點。」吳起的話同樣適用於他自己。

12 周亞夫　治軍嚴謹

法・羅伯斯庇爾《革命法制與審判》：「紀律是軍隊的靈魂，紀律能代替人數，可是人數不能代替紀律。」

引子

周亞夫是周勃的兒子。周勃是沛縣人（今江蘇沛縣東），當過喪葬隊伍中的吹簫者，後來追隨劉邦起兵，因功封為將軍、絳侯。又曾協助劉邦平定韓王信、陳豨、盧綰的叛亂。漢惠帝時，任太尉。呂后死後，他與陳平合謀，誅殺呂產、呂祿等人，迎立文帝，受封為右丞相。

周勃一生功業彪炳，而兒子周亞夫也毫不遜色。周亞夫在漢景帝時，曾任太尉，平定吳、楚七國之亂以後，升為右丞相。

周勃與周亞夫堪稱是將門虎子，但是個性卻大不相同。周勃為人木訥、質樸而敦厚，周亞夫則強悍而嚴謹，以下就是周亞夫治軍的事例。

故事

漢文帝後元六年（公元前一五八年）冬天，匈奴三萬騎兵入侵上郡（屬今陝西），三萬騎兵入侵雲中（屬今內蒙古自治區），一路攻殺擄掠，警報驚傳至甘泉（今陝西甘泉縣西南）、長安。於是朝廷派中大夫令免為車騎將軍，屯駐飛狐（今河北淶源縣）；蘇意為將軍，屯駐句注（今山西代縣西北）；將軍張武，屯駐北地（今甘肅環縣東南）；河內太守周亞夫為將軍，駐軍細柳（長安西郊的軍鎮）；宗正（掌宗室之官）劉禮為將軍，駐軍霸上（長安東面的軍鎮）；祝茲侯徐厲為將軍，駐軍棘門（長安北郊的軍鎮），共同防禦匈奴。

漢文帝親自勞軍，率侍從視察東郊的霸上及北郊的棘門，一行人都是浩浩蕩蕩地直接馳入司令部，駐軍將領也都帶著下屬騎馬迎送皇駕。

接著，文帝來到了周亞夫駐軍的細柳。營區守衛當時全副武裝，有的手執銳利的兵刃，有的則張滿弓、搭著箭；皇帝隊伍的前導官來到營門，卻被阻擋著。前導官說：「天子的車駕快要到了。」營門軍官說：「將軍有令：『軍中只聽將軍之令，不知天子之詔。』」堅持阻擋前導官。

沒多久，文帝車駕也到了，但還是進不了營門。文帝不得已，就派使者持符節下詔給周亞夫：「我要入營勞軍。」周亞夫這才傳令：「開正門。」守正門的軍士這時請求駕車、騎馬者說：「將軍曾有約束，軍營之中不得快馬馳驅。」於是文帝車駕就按轡徐行地進入營區。

到了營中，將軍周亞夫手持兵戟，作揖道：「身穿盔甲，無法下拜，請依軍禮相見。」文帝就在車上站起身來，整肅神情之後，手扶衡木（式車之禮），向周亞夫回禮。並派人向周亞夫表示：「皇帝誠敬地慰勞將軍。」檢閱完畢即率隊出營。

離開軍門之後，群臣才由驚惶之中鬆了一口氣。文帝說：「唉呀，這才是真正的將軍啊！以前到霸上、棘門勞軍，簡直像是兒戲一般，那些將領當然容易被攻擊，甚至被俘虜；至於亞夫，怎麼可能受侵犯呢？」連連稱讚了許久。

一個多月之後，匈奴遠離邊塞，漢軍也就撤離了。這時，文帝任命周亞夫為中尉（掌管京城的巡察緝捕工作）。

文帝即將駕崩時，特別吩咐太子（景帝）說：「若發生緊急情勢，周亞夫可以信任，可以將兵。」公元前一五七年，文帝駕崩，周亞夫則改任車騎將軍。（《史記·絳侯周勃世家》）

解說

文帝到細柳營視察、勞軍，對軍容之嚴整留下深刻的印象，對周亞夫的領導統御心生感佩，當然也為周亞夫受景帝之命，平定吳、楚七國之亂設下了伏筆。而整個過程更是充滿著值得玩味的情境信息：

1. 漢初以來，連年邊患，朝廷無力反制，只能使用懷柔、和親的政策；所以文帝對軍力之提振有無限之憧憬，對優秀的將領有深切之冀望。
2. 霸上、棘門的軍隊如同兒戲，與軍紀嚴整的細柳相較，正好提供了鮮明的情境對比。
3. 文帝的情緒焦點是匈奴犯邊的「大患」，而不是維護皇帝尊嚴的「小節」，所以周亞夫的表現被認為是「軍容肅穆」，而不是「傲慢無禮」。

人生在世是否能夠成功，全憑內在的能力與外在的際遇。周亞夫治軍嚴謹，有領導統御之才，這是他內在的能力；而文帝知才惜才，則是周亞夫外在的際遇。

13 孫臏　減灶欺敵

宋．柳開《河東集．上王太保書》：「兵者以詐行，以奇勝，以謀先，以勇固；此四者，不敗之道也。」

引子

公元一九七二年發生一件震驚學界的大事，那就是在山東臨沂縣銀雀山的漢墓中挖掘出一部《孫臏兵法》。

世上流傳的《孫子兵法》是孫武所作，而晚孫武一百多年的後人孫臏也精研兵法，著有《孫臏兵法》一書，但失傳兩千年，如今出土，重新面世，的確是一件大事。

孫臏的故里在今日山東鄄城的孫老家村，他曾與龐涓一起學習兵法。龐涓後來投效魏國，被魏惠王封為將軍。龐涓心知才能比不上同學孫臏，就派人邀孫臏來到魏國，然後羅織罪名，以

「臏刑」切斷孫臏的雙腳（有人則認為是剔去膝蓋骨，或挑斷腳筋），並在他臉上刺紋，不想讓他有露臉的機會。

孫臏受辱之後，展開了復仇計劃。

當時有齊國使者來到魏國，孫臏就以刑餘之徒的身分暗中求見齊使。齊使與他交談之後，大為嘆服，就載他回到齊國，因而結識齊國大將田忌。

田忌常與齊國公子賽馬賭注。孫臏有次同行赴會，他觀察雙方的馬匹之後，認為雙方各有上、中、下三等馬匹，實力相當，就對田忌說：「先生可以押下大賭注，我能使您獲勝。」田忌相信他的話，遂下注千金與國君及諸公子相賭。

臨賽之時，孫臏說：「以先生之下駟跟對方的上駟比賽，以上駟跟對方中駟比賽，以先生之中駟跟對方的下駟比賽。」結果三場比賽之後，田忌一負二勝，贏得千金賭注。於是在敬服之下，田忌向齊威王推薦孫臏；威王向孫臏探問兵法，拜他為師。

孫臏如今已有依存的後援，就只等機會來到。

大約在公元前三五五年，魏國大舉攻擊趙國，趙國在危急之下，向齊國求援。齊威王本想派孫臏為將，孫臏以「刑餘之人」謙辭，於是威王任命田忌為將領，以孫臏為軍師。孫臏建議直攻魏國首都大梁（今河南開封市），理由是：「魏、趙相攻，精銳一定盡出於外，國內則由老弱留守。如果率兵直攻大梁，佔據要衝，乘虛而入，他們必然放棄攻趙而謀求自救，那麼一來可以為趙解圍，二來可以打擊疲敝的魏國。」田忌依計用兵，魏軍果然撤離趙都邯鄲（今河北邯鄲市），而與齊國大戰於桂陵（今河南長垣西北），結果齊國大獲全勝。

孫臏大破龐涓為將的魏軍，當然吐了一口怨氣，但真正報仇雪恨，則在馬陵（今河南范縣西南）之役。

故事

桂陵之戰十三年後（《竹書紀年》則稱十年），魏國與趙國竟然合攻韓國，韓國則向齊國告急。

齊國派田忌率兵往救，直逼大梁。魏將龐涓一得到消息，就離開韓國，撤軍回魏，而當時田忌的部隊已一路向西，逼近魏國。

孫臏對田忌說：「三晉（韓、趙、魏）之兵素來強悍勇猛，而且看輕齊國，認為齊軍一向怯懦，善戰者可以利用這個敵情。依據兵法，想到百里之外取勝於敵，必然折損將領；想到五十里外取勝於敵，必然折損半數軍隊。魏將龐涓熟讀兵法，必然知道這個道理，所以我方乾脆就故作姿態。進入魏國的第一天請下令築十萬口灶，第二天請下令築五萬口灶，第三天則築三萬口灶。」

龐涓行軍三日，一路派人偵探，得知齊軍減灶之後，大喜過望，說道：「早知齊軍怯懦，進入吾國不過才三天，士卒已經逃亡過半了。」於是就擱下步兵，率領著輕裝的精銳兼程追趕齊軍。孫臏估計對方的行程，大約傍晚會趕到馬陵。

馬陵道路陝窄，兩旁又多阻礙，可以埋設伏兵，於是孫臏下令砍下一棵大樹，刮皮抹白之後，在上頭寫著「龐涓死于此樹之下」。然後下令善射的齊兵準備萬弩，夾道埋伏，約定：「到了晚上，一看到有人舉火，就萬弩齊發。」

而龐涓一路急趕，晚上果然來到了被砍下的大樹前，看見去皮的樹幹上似乎有字，就下令舉火照明。結果字尚未讀完，齊軍已經萬弩齊發，魏軍就在大亂之下，四處潰逃。龐涓這時自知智已窮、兵已敗，只好自刎而死，死前說道：「此役成就了豎子（辱稱孫臏）之名！」齊軍也就乘勝追擊，大破魏軍，並俘虜了魏國太子。（《史記・孫子吳起列傳》）

解說

孫臏大破龐涓，絕對不是偶然，因為：

1. 長期經營，早已取得齊威王與田忌的信任，才能使他們言聽計從。
2. 熟知龐涓的兵法素養，才能引君入甕。
3. 馬陵靠近自己的故里，所以孫臏熟稔地形，才能提升勝算。
4. 利用「齊軍怯懦」的舊有情境，順水推舟。
5. 心胸狹小的人，必定心性狐疑，孫臏深知龐涓有此弊病，才會砍木題字。

相對的，我們可以了解，龐涓不但敗在兵學素養不如孫臏，同時敗在情緒管理拙劣至極；否則不會臨死不悟，竟然還嫉恨讓孫臏因此役而出名。

14

韓信 背水一戰

清・唐甄《潛書・五形》：「善用兵者，不攻所當攻，攻所不當攻。」

引子

秦朝末年，英雄蠭起。當時趙歇為趙王，陳餘為將，張耳為相。趙軍在章邯攻擊之下，退守鉅鹿。此時項羽負責救援趙軍，他帶兵渡河之後，即下令「破釜沉舟」，只帶三天糧食，讓士兵處於一無所有的情況之中。結果一到鉅鹿，果然勢如破竹，大敗秦軍而名震天下。

兵法有「非危不戰」之說。

公元前二七九年，燕國大將樂毅率領趙、魏、楚、燕聯軍，大舉攻擊齊國，連破齊軍，直下七十餘城。齊國只剩即墨與莒城，國勢岌岌可危。田單此時臨危受命，在退無可退之下，使用反間計，讓燕軍撤換樂毅；使用苦肉計，激使齊軍同仇敵愾；使用火牛陣，攻敵不備。然後才陸續收拾被侵佔的城池，完成復國的大業。

另外，我們看韓信如何背水一戰。

故事

話說韓信與張耳率兵數萬，想東下井陘（今河北井陘縣井陘關）攻擊趙國。趙王歇、成安君陳餘聽說漢兵即將來襲，就集結兵馬屯聚於井陘口，號稱有二十萬眾。

廣武君李左車游說陳餘：「聽說漢軍將領韓信剛渡過西河，俘虜了魏王，擒服了夏說，又在閼與（今山西和順縣西北）大肆屠殺。如今又結合張耳（原為趙相，陳餘之故交），想攻下趙地。他們雖然遠離自己的根據地，但乘勝而來，不能與他們正面交鋒。我聽說部隊行經千里，運糧不便，士兵常有飢色，因為他們必須取薪炊食，部隊伙食不易周全。如今井陘的山路狹窄，戰車無法並行，騎兵無法布陣，行進數百里之後，運糧的隊伍必然落後。希望足下能撥交給我三萬奇兵，經由小路切斷他們的運糧路線；而足下則挖深戰溝，築高營寨，堅守營區，不要與他們交戰。敵軍一來，往前無法戰鬥，往後則無法退回，我又有奇兵可以斷絕他們的後路，不到十天，韓信、張耳二人的頭顱必然可以交付帳下。希望足下聽從我的計策，否則將被二人所擒。」

陳餘常自命為儒者，總認為率領義兵不必使用詐謀詭計，所以就對廣武君說：「依照兵法，有十倍兵力則可以包圍敵軍，有二倍兵力則可以攻擊敵軍。如今韓信號稱兵員數萬，其實不過數千人而已。他們千里而來，必定疲病不堪，如果依你之計避而不攻，往後要是遇到更大的敵人，將如何處理？恐怕諸侯會認為我膽小，而隨時都會出兵攻我。」就棄廣武君之計而不用。

韓信曾派人蒐輯情報，知道陳餘未用廣武君的計策，十分高興，就大膽引兵東下，來到井陘口前三十里才停止前進。

到了半夜，韓信傳下軍令，遴選輕銳騎兵二千人，每人拿著一面紅旗，要他們由小路上山埋伏，並交代：「趙軍一看到我撤退，一定會留下空營，全軍出動來追擊；你們就急馳而入，拔掉趙軍的旗幟，換上漢軍的旗幟。」接著，韓信下令分配糧食，說道：「今天攻破趙地再回來吃大餐。」將領們心裡都不相信，但仍然虛應：「好。」對著部屬則說：「趙軍已先佔據優勢，只是還未見到我方大將的旗鼓，所以不肯往前攻擊，到時恐怕我們會遭遇險阻而不得不退回。」

韓信先派萬人出發，背對著綿蔓水布陣；趙軍老遠望見漢軍背水列陣，不禁大笑。破曉之時，韓信整建旗鼓，一路開向井陘口，趙軍見到主將的旗鼓業已逼近，就大開營門，全面出擊，雙方大戰了很久。接著，韓信、張耳假裝戰敗，拋棄了旗鼓，回頭退到水邊的陣地。這時水邊列陣的部隊向前進發，迎擊趙軍，雙方又是一陣激戰。由於趙軍全面出擊，爭相奪取漢軍的旗鼓，所以一路追逐著韓信、張耳的隊伍。而韓信、張耳則已退入水邊的陣地，水邊列陣的隊伍不敢後退，當然奮死迎敵，趙軍雖然全面出擊，卻久攻不下。

這時，韓信先前派出的二千騎兵一看到趙軍留下空營，就馳入營區，盡拔趙軍的旗幟，插上了二千面漢軍的旗幟。

趙軍久攻不勝，又抓不到韓信、張耳，想暫時退回趙軍營區。但逼近一看，營區都已換了漢軍的旗幟，大為驚恐，認為漢軍業已拿下趙王、趙將，於是兵荒馬亂，一路遁走，趙將雖然處斬逃亡的戰士，卻已無法挽回頹勢。漢軍分頭來擊，大破趙軍，處斬了陳餘，擒服了趙王。（《史記・淮陰侯列傳》）

解說

韓信大破趙軍之後，諸將紛紛獻上敵人的首級，並點交俘虜，大事慶功。慶功完畢，諸將就問韓信：「依照兵法，軍隊列陣必須右靠山陵，左臨水澤，或者背倚山陵，前臨水澤。如今將軍命令我們背水列陣，並且要在破趙之後會餐，我們實在無法心服。但這次竟然因此而大勝，到底是為什麼呢？」

韓信說：「這也合乎兵法，只是各位不曾細察罷了！兵法不是說：『陷之死地而後生，置之亡地而後存』？而且我韓信平時並未善待各級軍官，這次出擊等於是『驅迫市民出征』，藉著置之死地的情境，才能讓戰士為了自保而作戰。要是我給予戰士活路，他們都會逃走，怎麼可能為我作戰？」諸將這才自嘆不如。

由以上的事例固然可以看出韓信「背水一戰」、「置之死地而後生」的妙用，但這種布局並不能獨立看待，因為這是不得已的險著，又不能不有其他條件加以配合。

1. 蒐集情報，了解敵將陳餘的心態。
2. 千里行軍，又以寡敵眾，不得不行險出奇。
3. 掌握人心，充分利用人性的優缺點。

劉邦認為：「連百萬之軍，戰必勝，攻必取，吾不如韓信。」由這個事例已可以得到充分的印證。

15 岳飛　招剿並用

明・尹賓商《白豪子兵罾・變》：「良將用兵，若良醫療病；病萬變，藥亦萬變。」

引子

岳飛不但是宋朝的戰神，也是歷史上屈指可數的名將。岳飛轉戰南北，幾乎屢戰皆捷；當時汴京留守宗澤稱他「勇智才藝，古良將不能過。」宋高宗親手寫「精忠岳飛」四字，製旗賜予岳飛。金兵猛將兀朮（完顏宗弼）南侵，氣吞如虎，所向披靡，唯獨遇到岳飛卻潰不成軍，曾嘆著氣說：「岳少保以五百騎兵破我十萬兵馬。」又說：「自我南下以來，未曾遭遇如此挫敗。」

到底岳飛如何用兵，竟然可以讓敵人聞風喪膽呢？且看一則事例。

故事

宋高宗紹興四年（公元一一三四年），兀朮、劉豫合兵圍攻廬州（今安徽合肥市），岳飛率兵救援，平定了廬州。

翌年，岳飛入朝，受封為鎮寧、崇信軍節度使，湖北路、荊、襄、潭州（皆在今湖南、湖北）制置使，進封為武昌郡開國侯，又任荊湖南北、襄陽路制置使、神武後軍都統制，受命招討盤踞在湖南、湖北一帶的水寇楊么。

岳飛所率的兵馬都是西北人，不習水戰，但岳飛說：「用兵並無常法，就看如何運用罷了！」於是先派人前往招降。賊黨黃佐說：「岳節使號令如山，如果與他作戰，絕對難以活命，不如投降。岳節使一向講求誠信，必然善待我們。」於是就投降了。岳飛則上表，授予黃佐武義大夫的頭銜，並單鎗匹馬安撫黃佐的部眾，輕撫著黃佐的背，說道：「你頗知順逆之道，將來如果能建立功勳，封侯又算什麼呢？我想派你再回賊營，觀察情勢，如果可擒則擒，可招降則招降，你願意嗎？」黃佐感激涕零，誓死回報。

當時張浚受命以督導軍事的名義來到潭州（今湖南長沙市），參政（副宰相）席益與張浚交談，認為岳飛縱賊歸營是在玩弄賊寇，想奏報朝廷。張浚則說：「岳侯是盡忠盡孝的人，而且用兵之道深不可測，怎可輕率評論呢？」席益頗覺羞慚，就未奏報。不久，黃佐果然不負所望，襲擊周倫的水寨，殺了周倫，活捉他的將領陳貴等人。岳飛又上表，讓黃佐升任武功大夫。

剛好張浚受命北調，即將移防，岳飛出示袖中的一份作戰計劃，但張浚認為不可能速戰速決，就表示來年再加討論。

岳飛說：「我已有計劃，請都督能駐留一些時日，我認為不超過八日即可攻破水寇。」

張浚說：「你怎麼說得那麼容易？」

岳飛說：「以政府軍攻擊水寇的確是難事，但以水寇攻水寇就容易多了。水戰是我方的短處，卻是對方的長處，以我方的短處攻對方的長處，當然困難。但如果採用敵將、敵兵，奪其手足，使楊么孤立；然後再派政府軍乘勢攻擊，八日之內，必可破賊。」

張浚於是答應再作駐留。

岳飛趕到鼎州（今湖南常德市）督戰，黃佐已招降楊欽。岳飛高興地說：「楊欽驃悍，投降之後，賊寇主力已經崩潰了。」上表授予楊欽武義大夫的頭銜，禮遇優厚，然後又派他回湖中作戰。

過了兩天，楊欽游說余端、劉詵等人投降，岳飛卻故作生氣之態，大罵楊欽：「賊寇尚未完全降服，你怎麼可以回來？」並對楊欽加以杖打，然後命他再入湖中。當時楊欽奇襲水寨，又招降了數萬人。

水寇主腦楊么自負水寨完固，不願降服。水寇的船隻可以用轉輪激水，速度飛快，船舷安置撞竿，政府軍的船隻一遇上就會被砸碎。

岳飛命人砍伐洞庭湖中君山（湘山）的樹木，編成巨大的木筏，阻塞所有的港灣，又把腐木雜草投入水中，讓它順流而下，浮在水面。接著，選擇水淺的地方，派出善於詬罵的士兵，邊航行邊向賊船叫罵。水寇被罵得發火就駕船追趕，但一來因為水淺，二來因為水道已被草木壅塞，水寇的輪船發揮不了作用。這時岳飛立即派兵攻擊，賊寇急逃入港，卻被巨筏阻擋。而政府軍坐著巨筏，懸掛牛皮遮擋對方發射的弓箭、武器，然後用巨木衝撞賊船，賊船就被破壞殆盡了。楊么看大勢已去，就投入水中，卻被牛皐捉來斬殺了。岳飛揮軍進入水寇的營寨，其他的水寇頭子大驚失色地說：「怎麼如此神奇！」於是全數投降。岳飛又親自到各個水寨巡視，加以安撫，讓寨中老弱各自回歸本業，而少壯者則徵調為麾下的兵員。前後八日果然平定了水寇，張浚不禁讚嘆：「岳侯神機妙算！」

原先水寇自以為掌控各方險要，誇口說：「想來進犯，除非是『飛』過來！」這時，大家都認為一語成讖，竟然印驗在岳「飛」身上。（《宋史・岳飛傳》）

解說

張浚說岳飛神機妙算，真是恰如其分，因為從戰前的部署到實際作戰，甚至最後的善後工作，都完美無瑕。如果細加分析，可知岳飛確實能充分運用兵家的要訣。

1. 戰前先穩定軍心。以「用兵並無常法」來穩定不習水戰的軍心。
2. 謀定而後動。戰前已擬妥計劃，才能說服張浚暫時駐留，以提升軍心的穩定性。
3. 確立以敵攻敵的戰略，可以說是知己知彼，絕對不會以短攻長，盲動躁進。
4. 恩威並用，才能確實運用降將，而化叛賊為資源。
5. 臨陣應戰，設計巧妙，能確實壓制水寇的長處。
6. 善後處理，既能兼顧人民的本業，又可以壯大麾下的陣容。
7. 戰前估計正確，果然八日破賊，又進一步累積了「用兵如神」的聲望。

16 慎到

三計並施

俄·列寧〈關於戰爭與和平的報告〉：「和約是戰爭的喘息機會，戰爭是獲得另一次更好或更壞的和約的手段。」

引子

對同一件事情，固然可以用不同的方案來解決，但是當這些方案彼此衝突時，通常只能擇一而行。而慎到卻能同時運用彼此衝突的方案去解決同一件事情，真是咄咄怪事。

公元前二九九年，楚懷王去世。

楚懷王一死，太子橫（襄王）理當繼位，但他當時被留置在齊國當人質（戰國時各國交換人質是政治常態），無法立刻回國奔喪、登基。當楚太子向齊王（湣王）辭行時，齊王刻意刁難他，說道：「割讓楚國東部五百里地給我，否則不放你回去。」

此時此刻楚太子會如何做呢？

故事

楚太子面對齊王的刁難，沒有立刻答應，說道：「我有師傅（如太子少師、少保、少傅之官，用以輔教太子）隨行，請容我與他商議。」

太子回到賓館向師傅請教對策，師傅則為太子引見慎到，慎到說：「如果捨不得割讓，不但無法保命，也無法回國為父奔喪，所以臣建議割讓。」

於是太子回報齊王，表明願意獻地五百里，齊王就送太子回國；太子回國之後，立即登基，是為楚頃襄王。

不久，齊王派來使者，索求五百里地。

楚王即召見慎到，問道：「齊使索求割讓，怎麼辦呢？」

慎到說：「明日早朝時，請曉諭群臣，表明願意割讓。」

次日，楚王對群臣表明願意割讓五百里地。

大臣子良隨即表示：「大王的確不得不割讓。大王是一國之君，必須言出必行。既然已答應強大的齊國，如果事後反悔，則是失信。但是我們可以在割讓之後，再聯合其他諸侯，派軍隊把土地收復。割讓是守信，收復失土則是武德，所以臣主張割讓。」

子良離開之後，昭常入奏：「不可割讓。國家必須擁有廣大的土地才能保持強大，一旦割讓土地，楚國必然流於弱小，所以不可割讓。臣自願派兵駐守。」

昭常告退之後，景鯉入見：「不可割讓。大王可以先向齊國表明割讓之意，以保全信義，然後再派兵駐守。但恐怕楚國無法獨力對抗齊國，所以臣請求到秦國索討援兵。」

景鯉離席之後，楚王召來慎到，對他說明子良、昭常、景鯉各自不同的主張，然後問慎到該用誰的主張。

慎到說：「三者都用。」

楚王不悅地說：「什麼意思？」

慎到說：「大王可以先派子良去齊國獻五百里地，次日再派昭常帶兵去守東部的那塊地，第三日則派景鯉率五十輛車子，裝載禮物，向秦國請求援兵。」

楚王依計行事。子良到了齊國，表明獻地，齊國就派出使者率兵前往接收土地。齊國使者一到，昭常則派兵抗拒，並對齊國使者說：「我國以這塊土地為發祥地，事關國運存亡，如今有老弱三十萬人，願意只憑敝甲鈍兵為國犧牲。」

齊國使者接收不到土地，只好回報齊王，齊王於是責怪子良：「你既來獻地，卻又讓昭常帶兵駐守，是何道理？」子良說：「臣的確受國君之命前來獻地，昭常必然是違背君命，自作主張，大王可以出兵攻擊他。」

齊王於是大舉出兵，準備攻擊昭常，但尚未離開國境，卻發現秦國已派出五十萬兵馬逼臨齊國，並且宣稱：「齊王刁難楚國太子，不讓他回國，是不仁；想奪取楚國五百里地，是不義。貴國偃兵息鼓則罷，否則秦國願意出戰。」

齊國聞訊，只好退兵，而楚國也保全了土地。（《增廣智囊補・卷下・術智》）

解說

以上事例，不必看成是百分之百的史實，但其中的布局原理卻值得探索。

1. 楚太子為求保命、回國登基、為父奔喪，當然要忍痛割讓土地，這是情境使然。
2. 慎到要楚王激起群臣同仇敵愾的心理，並採取各種對策。
3. 慎到用分割時間、分別造境的方式，化解三個方案的衝突性。先派子良獻地，目標在保全楚王的信用；次派昭常率兵駐守，目標在保全土地；再派景鯉入秦討救兵，目標在支援昭常。時間不同，情境就不同，原本衝突的方案就被支解成不同階段的對策。

其實慎到還謹守一個重要的布局原理，那就是他只與楚王接觸，固守客卿的身分；他讓楚國君臣覺得楚國的事務，是由楚國君臣親自解決的。

17 馮道　欲去還留

《老子・二十二章》：「曲則全，枉則直。」

引子

梁、唐、晉、漢、周合稱為五代，這個時代有幾個特色。一是「天下大亂，戎狄交侵，生民之命，急於倒懸」（歐陽修語）。二是政權交替迅速，國祚短淺；五代合計五十三年，其中最長的是十六年（梁），最短的只有四年（漢）。三是胡漢遞嬗，華夷難辨；其中除梁、周是漢人政權以外，其餘則分別是沙陀、匈奴、狄等漢化胡人所主政的王朝。

而在這特殊的時代裡，有一個特殊人物，竟然在其中四個朝代身居要職，服侍過十個皇帝和遼太宗耶律德光。他就是曾經「三入中書，在相位二十餘年」，自號「長樂老」，自以為「在孝於家，在忠於國」的馮道。

《新五代史》將馮道列入〈雜傳〉，諷刺他不能忠於一君；《舊五代史》也以同樣的理由，說他死後只能諡為「文懿」，而不能諡為「文貞」或「文忠」。

但如果暫時撇開傳統儒教文化的束縛，我們可以發現馮道是以「忠於國」為最高的行為目標，似已企圖跳脫「忠於君」的框架。何況在民不聊生、動盪不安、強敵臨伺的時局中，馮道的優先考量應該是安全與穩定。

故事

後唐廢帝清泰三年（公元九三六年），鎮守河東的石敬瑭起兵叛變，求援於契丹（遼太宗耶律德光）；契丹冊立石敬瑭為晉帝（後晉高祖），並大舉南下，擊潰後唐兵馬，後唐廢帝被迫自焚而死。

石敬瑭進入洛陽之後，任命馮道為首相。天福二年（公元九三七年），契丹派使者加徽號於石敬瑭，石敬瑭也要獻徽號於契丹（石敬瑭父事契丹，稱兒皇帝），就對馮道說：「這次出使，非卿不可。」馮道並無為難之色。石敬瑭又說：「卿官位崇高，德行敦厚，實在不宜深入沙漠。」馮道說：「陛下承受北朝（契丹）之恩，而臣子深受陛下之恩，出使沙漠又有何不可？」

馮道出發之後，即將抵達邊界時，耶律德光本想親赴邊界迎接，但契丹的臣子說：「天下沒有天子迎接宰相的禮節。」耶律德光這才作罷。馮道聲名遠播外國，竟然如此之甚。

契丹朝廷對待群臣，以賞賜象牙笏，及在臘日賞賜牛頭為特殊禮遇；而馮道都曾受賜，並且作詩紀念：「牛頭偏得賜，象笏更容持。」

耶律德光非常喜歡馮道，於是暗示馮道留在契丹，馮道則說：「南朝（晉）是子，北朝是父，而我在兩朝之中，都是盡忠之臣。留與不留，哪有分別呢？」

馮道在契丹，凡是得到賞賜，都拿去換取薪炭。有人問馮道用意何在，馮道說：「北地苦寒，老人家受不了，所以就儲備一些。」好像要久留契丹一般。

契丹受馮道的誠意感動，也不再刁難，就要他回去中原。但馮道卻屢屢呈上奏表，乞求留下；一直到契丹遣返的態度十分堅決之後，馮道還刻意逗留在驛館一個多月。

出發之後，馮道又在各站的驛館磨蹭，總共待了兩個月方才離開契丹國境，馮道的隨從問他說：「離開契丹得以生還，應該恨無羽翼可以飛回，為何先生卻刻意逗留呢？」馮道說：「即使急著想回去，對方只要派出快馬，一夕之間就可以追到了，怎麼逃脫得了？但我們態度徐緩，他們就猜測不出我們的用心了。」眾人這才心服。

天福四年（公元九三九年）二月，馮道一行人才回到京師。（《舊五代史・周書・馮道傳》

及注引楊內翰《說苑》）

解說

按理說契丹冊封石敬瑭為皇帝，則契丹與後晉，名屬君臣，兩國之間使節往來，應極正常。石敬瑭與馮道又何必如此戒慎恐懼呢？原來：

1. 後唐時，契丹屢次入寇，兩國連年征戰，勢同水火。

2. 石敬瑭叛唐自立，乞援於契丹，在事成之後割讓燕、雲等十六州與契丹，是基於短暫利益的結合，兩國之間南北分治的敵對狀態未曾改變。

基於這個背景，石敬瑭與馮道當然不免如臨深淵，如履薄冰了。而馮道面對名為君臣，實為仇敵的契丹，他逆向操作，在完全掌控契丹心理的情況下，虛擬實境。馮道的布局有下列技巧：

1. 在受賞之後，作詩表示樂於接受榮寵，意在迎合。

2. 在受暗示之後，以模稜兩可的態度加以回答，目的是在營造模糊的情境。因為耶律德光用

「暗示」的方法留他，是怕萬一馮道拒絕，自尊心必然受挫。而馮道也不能一口答應留下，因為這是違反常情的表現，必然引起契丹疑忌。

3. 以儲備薪炭的肢體語言宣示久留之意，委婉曲折地維護耶律德光的自尊。

4. 摹造盤桓逗留的情境，使遣返的動機歸屬於契丹。

馮道老謀深算，才能歷事四朝十君，由此可見一斑；他不但是長樂老，還是不倒翁。

18 鄭袖　妒殺情敵

法．拉羅什弗科《道德箴言錄》：「嫉妒是一種不能忍受別人幸運的憤怒。」

引子

事件的發生，一定有因有果；因果之間通常有一系列的條件組合，這些條件組合可以依序排列出先後，這個先後順序就是「程序」。

「程序」無所不在，缺它不可。所以，會議有程序問題，法律有程序問題，學習有程序問題，生產有程序問題，行銷有程序問題……政治當然也有程序問題。

孔子主張從政必先釐正名分，否則「名不正則言不順，言不順則事不成，事不成則禮樂不興，禮樂不興則刑罰不中，刑罰不中則民無所措手足。」可見孔子關心的是名分與程序的問題。

至於情境設計，它的關鍵則在於目標與程序。

故事

魏王送給楚懷王一位美女，楚王十分喜歡。

楚王夫人鄭袖知道君王喜歡新人、疼愛新人，於是她也想辦法來款待新人。衣飾玩物，只要是新人喜歡的，她就為新人準備；房室寢具，只要是新人喜歡的，她就為新人布置。

鄭袖對新人的愛，已超越了楚王對新人的愛。

楚王說：「婦人用以事奉丈夫的，是美色；而嫉妒，則是常情。如今鄭袖知道寡人喜歡新人，而她對新人的愛已超越了寡人，這是孝子用以事親，忠臣用以事君的真誠。」

鄭袖知道楚王認為她毫無嫉妒之心，就對新人說：「大王喜愛妳的美貌，但是卻討厭妳的鼻子。妳見到大王的時候，請務必掩住鼻子。」

新人完全聽信鄭袖，再次見到楚王時，就刻意掩住鼻子。

楚王心中狐疑，於是問鄭袖：「新人見到寡人就掩住鼻子，為什麼呢？」

鄭袖說：「我知道。」

楚王說：「即使不是好事，妳也務必說明。」

鄭袖說：「她好像是討厭聞到大王的體臭。」
楚王說：「可惡！」
於是下令割下新人的鼻子。（《戰國策・楚策四》）

解說

這是一則情愛間的三角習題，打破僵局的勝利者是鄭袖，她的目標是專寵於楚王，而其詭計是一連串的布局。

1. 長期包裝。使楚王造成刻板印象，並取得新人的信任。
2. 以新人的心理弱點誤導新人。因為新人想受寵於楚王，必然要維護形象，尤其是維護楚王慾求中的形象。
3. 借刀殺人。觸傷楚王自尊自大的威權心理，楚王自然會失去理智。

以上的布局，是一系列條件的組合，先後程序絕對不容錯亂，這是鄭袖成功的地方。但其實新人受害，楚王難辭其咎，因為：

1.楚王只知道婦人嫉妒的共相，卻忽略了個別差異，才會對鄭袖的情境語言解讀錯誤。

2.楚王不但有威權心理，而且過度自我膨脹，才會認為鄭袖的嫉妒已經「昇華」成為忠君的情操。

就鄭袖而言，她固然已經成功地達成目標，但其實她的設計仍然有缺陷。因為萬一楚王直接問新人為什麼掩鼻，一切詭計不就拆穿了？

19

曹參　無為而治

中國俗諺：「前人種樹，後人乘涼。」

引子

曹參與蕭何是一時之瑜、亮，他們與劉邦又是老同鄉，蕭何是沛縣主吏，曹參是獄吏，劉邦則是亭長。所以他們之間的相知與合作，至少持續了數十年。

楚漢相爭時，蕭何一直是後勤參謀的智囊，而曹參則是攻城略地的戰將。公元前二〇二年，項羽已死，天下底定，劉邦就論功封賞。爭議年餘之後，劉邦認為蕭何功勞最多，封他為酇侯，而封曹參為平陽侯；至於朝班的位次，也是蕭何第一，曹參其次。群臣曾為曹參叫屈，因為蕭何沒有汗馬功勞，只是舞文弄墨；曹參則是被堅執銳，身受七十餘傷。但劉邦卻認為蕭何是發號施令的「功人」，曹參則是追逐獵物的「功狗」，從此，「蕭一曹二」的名次已被論定，蕭前曹後的宿命也被注定了。

蕭何受命為漢王朝的丞相、相國，輔佐劉邦、惠帝；而曹參則受命為齊悼惠王的相國，輔佐劉邦庶出的長男劉肥。

公元前一九五年，漢高祖劉邦臨終，呂后問他：「陛下百歲之後，如果蕭相國去世，要令誰代位？」劉邦說：「曹參。」

公元前一九三年，即漢惠帝二年，蕭何逝世。在此之前，惠帝曾經親臨探視蕭何的病情，問道：「相國百年之後，有誰可以接替您呢？」蕭何說：「國君最了解臣下。」惠帝說：「曹參如何？」蕭何頓首說：「陛下果然高明，臣死而無憾！」

蕭何一死，曹參聽到消息，就催促舍人（相府總管）趕緊準備行裝，並說：「我將入相。」不久，朝廷果然派來使者召見曹參。

就這樣，宿命式的情境讓曹參接代蕭何，那麼，曹參又如何自處呢？

故事

曹參代蕭何為相國，所有事務都不曾變更，一切依照蕭何原先的規劃。

曹參刻意由各地遴選木訥、拙於言辭、個性敦厚的長者，任命他們為相府的佐吏。而原先相府當中，平常言語犀利、用辭刻薄、好求聲名的僚吏都被他辭掉。

曹參日夜都飲用美酒。卿大夫以下的官吏、賓客見到曹參無所事事，都想對他有所奉勸，但一來到相府，曹參就招呼他們飲用美酒；賓客一有空隙想說話，曹參立即再度招呼他們喝酒，一直到賓客喝醉、離開，所以賓客始終沒有機會開口。

相國府邸的後花園鄰近相府主吏的住處，主吏的住處每天都傳出飲酒、歌唱、呼嘯的聲音。部分僚吏十分厭惡這種行為，卻無可奈何，最後只好請曹參到後花園中遊憩，一聽到主吏等人醉後的歌唱、呼嘯聲，僚吏就請曹參召見主吏。沒想到召見之後，曹參反倒命人取酒設席，然後招呼飲酒，也跟著歌唱、呼嘯，彼此應和。

曹參如發現他人的小過失，會刻意加以掩匿，而相國府也一向太平無事。

曹參的兒子曹窋是朝廷的中大夫。惠帝看相國態度消極，頗有疑慮，甚至認為：「難道是看我年少？」就對曹窋說：「你回去之後，試著私下從容地問父親：『高祖剛駕崩，皇帝也已成年，而既為相國卻日日飲酒，上朝也未積極議事，不知何以顧及天下？』但是不要說是我告訴你的！」

曹窋回去之後，閒居陪侍，找到機會就規諫曹參。曹參大怒，打了曹窋二百下，說：「趕快回去伺候天子，天下事不是你有資格談的。」

次日上朝，惠帝責怪曹參：「為什麼處罰曹窋呢？那些話是我要他奉勸相國的。」

曹參脫下帽子，謝罪說：「陛下自認為比起高祖誰較聖明？」

惠帝說：「朕怎敢與高祖相比。」

曹參又說：「那麼，陛下看我的才能比起蕭何誰較賢明？」

惠帝說：「先生似乎比不上他。」

曹參這才正色地說：「陛下所言極是。高祖與蕭何平定天下，法令已訂得十分明確；如今陛下垂衣拱手，無為而治，而臣等恪守職責，遵而勿失，不就可以了嗎？」

惠帝說：「說得好！先生休息吧！」（《史記‧曹相國世家》）

解說

曹參先前輔佐齊悼惠王時，曾召集長老、諸儒，探問如何安養百姓，結果人人說法不同，曹參也不知所從。後來聽說有位蓋公研究黃老之術，就厚禮敦聘；晤談之後，曹參同意蓋公的看法，從此就採用主張清靜無為的黃老之術治理齊國。九年之間，齊國安定、人口繁衍，曹參則被稱為賢相。

基於先前的經驗，曹參再刻意設計「飲酒」、「歌唱」、「呼嘯」、「無所事事」、「掩匿小過」等情境，然後就等著惠帝的「逼問」。這是曹參「無為而治」的情境之外，最高明的行為決策。因為曹參是老臣，惠帝是少主；惠帝忍無可忍之下，仍然不敢親自質問曹參，還小心翼翼的請曹窋「試著私下從容地問父親」，並且交代「不要說是我告訴你的」。

少主尊重老臣，老臣也不便明說，為什麼？因為把一番大道理說得天花亂墜，總不如抬出「高祖」、「蕭何」有效。而這番比較，絕對不是一般情境之下可以提出的。

另外，我們也可以看出曹參的智識和自抑的修為。由戰國群雄彼此廝殺，到秦末大亂，楚漢相爭，兵燹持續已久，天下受損已深，此時此刻最需要的應當不是銳意改革，而是休養生息。所以曹參採用黃老之術，無為而治，是順乎天應乎人的高明智識。

儘管「蕭一曹二」、「蕭前曹後」的宿命式印象已深入人心，但只要對天下國家有所助益，「蕭規曹隨」又何損於曹參的人格？這是曹參自抑的修為。

20 五祖弘忍　密授衣缽

英．莎士比亞〈一報還一報〉：「智慧越是遮掩，越是明亮。」

引子

禪宗自菩提達摩創始，以下依序為二祖神光、三祖僧璨、四祖道信、五祖弘忍、六祖惠能。五祖、六祖之間，有一段衣缽傳承的問題，而六祖之後，禪門不稱七祖、八祖……也是頗堪玩味的事例。

故事

話說唐高宗咸亨年間（公元六七〇～六七四年），惠能由新州（今廣東新興縣）來到黃梅

（今湖北黃梅縣）參見五祖弘忍大師。

五祖說：「你是哪裡人？你有何求？」

惠能說：「弟子是嶺南新州百姓，遠來禮拜師父，只求成佛，不求其他。」

五祖說：「你是嶺南獦獠（西南夷），哪能成佛？」

惠能說：「人雖有南北之分，佛性卻沒有南北之分。獦獠雖然長相與和尚（稱師父）不同，但佛性卻與和尚並無差別。」

五祖還想與惠能交談，但見成群的弟子都在左右，就交代他們各自去工作。

惠能說：「啟稟和尚，弟子自心常生智慧，不離自性，即是福田。不知和尚要弟子做什麼工作？」

五祖說：「你這獦獠根性太過銳利，你不要再說了，就到槽廠（即碓房，劈柴、舂米處）去吧！」

惠能告退之後，來到後院，有一行者（佛寺中服雜役而未剃髮出家者）就差使惠能劈柴、舂米。

八個多月之後，五祖突然召見惠能，說道：「我認為你是可用之才，但恐怕惡人害你，所以不找你談話，你知道嗎？」

惠能說：「我知道，所以不敢來到堂前。」

不久，五祖即會集弟子，要他們各作一偈，如果領悟佛法，就可以傳承衣缽，成為六祖。眾弟子心想大弟子神秀現在是「教授師」，衣缽一定是他的，何必枉費心力做偈？而神秀則勞神苦思，作成了偈，想呈獻五祖，但每次來到堂前，都心神恍惚，遍身流汗；前後經過四日，有十三次想呈獻卻辦不到，於是就將偈句寫在南廊的牆壁上。

「身是菩提樹，心如明鏡臺，時時勤拂拭，勿使惹塵埃。」

寫完之後隨即回房，但卻左思右想，坐臥不安。

次日，五祖看過偈句之後，在半夜三更喚來神秀：「偈句是你作的？」

神秀承認之後，五祖說：「你作此偈，未見本性，只到門外，未入門內；以如此見解求無上菩提，實在了不可得……你再思索一兩天，另作一偈給我看。」

過了兩日，有個小童子經過槽廠，唱頌著神秀的偈句，惠能一聽便知此偈未見本性，當下即要求前往禮拜。

來到堂前，恰好江州（今湖北武昌及江西省地）別駕（刺史之佐吏）張日用在場。惠能說自己不識字，請人代讀偈句，張日用就高聲頌讀。頌讀之後，惠能要求張日用代寫一偈：

「菩提本無樹，明鏡亦非臺，本來無一物，何處惹塵埃？」

寫完之後，眾人讚嘆不已。五祖此時也來到堂前，看過之後，就用鞋子擦掉了偈句，然後說道：「也未見本性。」眾人這才覺得五祖說得對。

次日，五祖偷偷來到了槽廠，見惠能正在舂米，就說道：「求道之人，不顧性命……米熟了嗎？」

惠能說：「米熟了很久囉！只是尚欠篩罷了。」

五祖用木杖敲了石碓三下，然後就轉身離去。

惠能了悟五祖的用意，當夜三更就來到了五祖的房內。這時，五祖用袈裟作屏帳，以防他人得知。然後對著惠能講授《金鋼經》等佛法，並且傳授「頓教」（頓悟法門）及禪宗的衣缽。

接著，五祖交代惠能：「你已是第六代祖，要善自護念，廣度眾人，流傳後代，勿使斷絕。」然後就在暗中送惠能離開黃梅。（《六祖壇經・行由品第一》）

解說

這是一則世人通曉的事例，但人們通常只留心於惠能與神秀的偈句，只在意他們之間的境界差別。其實其中富含情境的語言信息，值得深入玩味。

1.由《六祖壇經》的描述看來，五祖早有傳法於惠能的意圖。
2.五祖一直徘徊在「指定繼承」與「公開遴選」的情境當中。
3.五祖了解「世俗勢力」與「衣缽傳人」之間已有尖銳的矛盾衝突。
4.在矛盾衝突的情境當中，五祖不得不保護「悟道」的惠能，所以他只好密傳佛法，密授衣缽。
5.五祖對神秀及眾弟子有教化的責任，所以他必須藉公開徵求偈句的方式開示神秀、鎮撫弟子。

五祖弘忍確實有大師風範，因為他能掌握情境、設計情境，而且面面俱到。至於惠能呢？

1.早已悟道，只因與五祖有緣，所以不得不來接受衣缽。
2.與五祖默契深厚，彼此合作之情境，可說是符節相應。
3.他的偈句是踩在神秀肩上的情境設計，透過鮮明的對比情境，讓五祖再次印證自己的眼光正確無誤。
4.藉江州別駕公開代寫偈句，再次宣告時機已經成熟，只待五祖傳授衣缽而已（米已熟，只欠篩）。而他採用公開的情境，則是另有二層深意；一是自我表述悟道之境界，二是保護五祖免於他人的責難。畢竟有心人經過體悟之後，自然可以明白境界的高低與事情的是非。

惠能之後，禪宗隱然分為「頓悟」、「漸悟」的南北兩宗，就像任何學說一般，時日一久，就自然會有歧義產生，似乎也不足為怪。只是，事例當中的情境似乎充斥著世俗的惡質鬥爭，世人或許會質疑於清靜的佛門何以會有如此的現象。其實這也不足為奇，因為尚未了悟佛性，當然就留存人性，既然留存人性，就不免有人性的貪、嗔、癡，所以也就有人性的妄為了。而且事後證明五祖密送惠能離開是正確的，因為的確有人隨後急急追索惠能的衣缽，只是被惠能感化而未成功罷了。

肆・行爲決策

01 齊桓公　足高氣強

韓愈〈雜說四〉：「世有伯樂，然後有千里馬。千里馬常有，而伯樂不常有。」

引子

劉向《說苑・權謀》提到一個故事，說齊桓公與管仲密謀攻打莒國，但是計畫尚未公布，全國上下都已經知道了。桓公十分驚訝，就質問管仲，管仲說：「國內必有聖人。」不久，有位名叫東郭垂的人求見，管仲問他說：「是你說要攻打莒國的？」東郭垂承認之後，管仲問他何以得知此事。

東郭垂說他善於察言觀色，並進一步說明：「君子大略有三種神色：優游快樂，是敲鐘擊鼓，有事可賀時的神色；哀怨清靜，是喪亡悲痛時的神色；勃然盛怒，是即將用兵時的神色。那天我遠遠瞧見大王臉上有勃然盛怒的神色，並且吁而不吟（說『莒』時的唇型），那麼所談論的必是莒國；大王舉起手臂，指的方向也是莒國的所在地。而我私下考量之後，認為目前尚未臣服的小諸侯，只有莒國，綜合以上的判斷，我認定必然是要攻打莒國。」

東郭先生還真神通，不但能觀察入微，竟還能讀唇語呢！不過這個故事過度誇張，因為如果是國君與宰相的密謀，外人不應看得到；而且隨意揭開國家機密是會惹來殺身之禍的，東郭垂怎會自投羅網呢？

但是我們至少確信，即使一個人緊閉嘴唇，肢體舉止也會流洩內心的祕密。

故事

齊桓公會合諸侯，衛人晚到，桓公在朝中與管仲商議要討伐衛國。❶桓公退朝回宮，衛姬（來自衛國之桓公夫人）望見桓公之後，就走下廳堂，再拜之後，請示衛君之罪過。

桓公說：「我與衛國之間並無事故，妳為什麼要請示呢？」

衛姬說：「妾望見國君入宮時『足高氣強』，必定有討伐他國的心志。而看到妾時，神色一

❶公元前六六六年，齊伐衛。後六年，狄人侵衛，向齊告急，齊率諸侯往救。

變，必然是想討伐衛國。」

第二天，桓公上朝，對著管仲作揖，請他入殿。

管仲說：「國君放棄伐衛了嗎？」

桓公說：「仲父怎麼知道的呢？」

管仲說：「國君作揖謙恭，出言徐緩，見了臣子，臉上帶著慚愧的神色，臣子就知道了。」

桓公說：「真好！有仲父輔佐以治外，有夫人輔佐以治內，寡人確信終究不會被諸侯恥笑了。」（《呂氏春秋・審應覽・精諭》）

解說

孔子說齊桓公「正而不譎」是有道理的，因為他「九合諸侯，一匡天下」，打的是「尊王攘夷」的旗幟。另外，可能他行事坦然，較無心機，令人一眼就可以望穿心事了。

肢體信息具有口頭語言的「替代功能」，以桓公為例：

1.「足高氣強」已經表露心中有大動干戈的念頭，但對象並未確定，一見衛姬，神色一變，自然可以聯想到他想討伐衛國。對與桓公常相左右的衛姬而言，做這種判斷，是十分合理的。

2. 作揖謙恭、出言徐緩的肢體語言，顯然已表露無意攻伐的信息。而見到管仲就面帶慚色，當然是因為推翻與管仲的謀議有關。事隔一日，舉止卻大相逕庭，以管仲之睿智怎麼會猜不透呢？

02 豎刁　自宮適君

方孝孺《遜志齋集》：「好誕者死於誕，好誇者死於誇。」

引子

在《莊子．列禦寇》裡，講了一則發人深省的故事。

話說宋國有個人，名叫曹商，奉宋王之命出使秦國，去的時候只有幾輛車。因為秦王喜歡他，就賜他百輛車子，回到宋國之後，見了莊子，說道：「要是落魄地住在陋巷，貧困地織鞋為生，餓得頸枯面黃，是我無法接受的。而開導萬乘之君，有百輛車駕作為隨從，則是我的特長。」

莊子卻嗤之以鼻地說：「據說秦王有病，召醫治療，能夠治好腫瘤瘡痛的賞賜車子一輛，能為他舐痔瘡的賞車子五輛。越難醫治的，賞越多車輛，你難道是舐秦王的痔瘡嗎？否則為什麼有那麼多車輛呢？」

寓言人物固然不必當真，但出語刻薄卻別有所喻；我們自然可以聯想到收穫與耕耘是相對的，要有非常的收穫必須先付出非常的耕耘，而一旦有非常的舉止，多半有非常的企圖。

故事

豎刁、易牙都是齊桓公的臣子。管仲（相國）病危時，齊桓公去探問，並且說道：「有沒有什麼要教導寡人的？」

管仲說：「希望大王遠離易牙、豎刁。」

桓公說：「易牙曾殺了自己的孩子，烹煮給我吃（當然是桓公吃完才告知），這麼忠於我的人怎能懷疑呢？」

管仲說：「人的常情是疼愛孩子的，他都忍得下心殺自己的孩子，怎會愛國君呢？」

桓公說：「豎刁自宮（自我閹割而為太監）以求事奉寡人，還值得懷疑嗎？」

管仲說：「以人的常情而言，不會不愛惜自己的身體，他對自己都那麼忍心，何況是對國君呢？」

桓公說：「好吧！」於是管仲就驅逐二人，但桓公卻因此食不甘、心不樂，而且持續了三年。管仲死後，桓公忍不住，說道：「仲父（尊稱管仲）不是太過分了嗎？」就將二人召回。

第二年（公元前六四三年），桓公病危，易牙、豎刁聯合作亂，堵塞宮門，圍起高牆，宮廷內外無法通行。

有一個婦人冒險爬過牆，進入了桓公所在的地方。

桓公說：「我要吃。」

婦人說：「我找不到食物。」

桓公說：「我想喝。」

婦人說：「我找不到飲水。」

桓公說：「為什麼？」

婦人說：「易牙、豎刁聯合作亂，封閉宮門，築起高牆，內外不通，所以什麼都找不到。」

桓公傷感地嘆著氣，流著眼淚說：「唉！聖人的見識真是高遠呀！如果死而有知，我將有何面目見仲父呢？」說完，以衣袖蒙臉，死於壽宮。

死後，五個公子各樹黨羽，彼此爭鬥，沒人敢入宮收屍。桓公屍體躺在床上六十七日，蛆蟲流出戶外。（《史記・齊太公世家》張守節《正義》引顏師古注）

解說

中國的末代皇帝溥儀在他的自傳中提到一件事，說他幼年常在宮中戲耍、胡鬧，有次當眾小便，竟然有個太監就躺在地上，張口接尿。

為什麼人性會扭曲到這步田地？

人要有行為目標，才會有行為決策，而後有肢體舉止。

易牙烹子事君的行為目標只在博取國君的寵幸，豎刁自宮事君的行為目標也只在換得國君的親近；換句話說，他們的人格結構，除了企求他人眷顧的「情慾」以外，已完全抽離「自我意志」、「道德」等正常人的人格成分。

動物行為學家經實驗之後，發現「狗」經過人類長期豢養之後，企盼主人眷憐的心理，已經遠遠超越了物種本性的自然表現。

獨裁體制之下，當權者長久享受權力之後，心靈腐化，自我過度膨脹，甚至會罔顧人性，發出「忠人不如忠狗」的謬語。

易牙、豎刁就是這種被扭曲本性的忠狗，而一旦主人不再眷顧，或無法施捨的時候，忠狗可能就變成瘋狗。

03 晉文公　解驂投璧

楊繼盛〈遺囑〉：「人有恩於我，則終身不忘，人有怨於我，則即時丟過。」

引子

晉文公（公元前六九七～前六二八年），晉獻公之子，名重耳。獻公即位時，重耳二十一歲。獻公二十一年（公元前六五八年），獻公因聽信驪姬之讒言，欲立驪姬之子奚齊為太子，促使太子申生自殺，公子夷吾、重耳則出奔國外。

重耳先是投奔母親的祖國狄國，不久晉國內亂，派人迎立重耳，重耳怕被殺，不敢回去，所以晉人立公子夷吾，是為晉惠公。而惠公顧忌重耳，要派人刺殺重耳，重耳於是再度流亡。離開居住十二年的狄國，經過衛國，衛君不予禮遇，只好離開。離開時經過五鹿（今河南濮陽縣南），因飢餓而向當地鄉野之人乞食，對方竟然在食器中裝土再交給重耳，重耳大怒，經趙衰勸導之後，這才奔向齊國。齊桓公頗為禮遇，但二年後齊桓公駕崩，齊國內亂；重耳卻因愛齊女，不願離去，一待已是五年。齊女、趙衰、咎犯就合謀，灌醉重耳，然後載著他離開。

到了曹國，曹國不予禮遇；再經過宋，宋襄公禮遇重耳；過鄭，鄭文公也不予禮遇。

到了楚國，楚成王待之以諸侯之禮，數月之後，到了秦國。不久晉惠公卒，晉國大夫聽說重耳在秦，於是暗中勸重耳回國，而秦穆公也就大做順水人情，發兵護送重耳回歸晉國。

重耳流亡在外十九年，年已六十二，回國前夕，他最企盼的是什麼？而追隨重耳，也在外流亡的咎犯（重耳舅父），又有什麼樣的心境呢？

故事

文公返國前夕，來到了黃河邊上，下令丟棄籩、豆（食器）、席、蓐（臥具），隨從人員當中面目黧黑、手腳長繭的人排在隊伍後面。

咎犯聽令之後，當夜就哭了起來。

文公說：「寡人流亡將近二十年，如今才能回國，舅父不喜反哭，難道是不願意讓寡人回國？」

咎犯說：「籩、豆是用來吃飯的，席、蓐是用來坐臥的，然而國君卻丟棄它；面目黧黑、手足長繭的，是勞而有功的人，然而國君卻要他們排在後面。如今臣下應當排在後面，心中哀傷，所以哭泣。而且臣下為使國君能夠回國，做了許多詭詐、虛偽的事，臣下自己都感到厭惡了，又何況是國君呢？」說完，一拜再拜之後，向文公辭行。

文公勸阻他，說道：「諺語說：『建土地廟時難免服裝不整，但建好之後必然整肅儀容，再加以祭祀。』如今你幫助我回國，卻不幫我治理；如同幫我設置土地廟，卻不幫我祭祀。這怎麼可以呢？」於是解下車駕的左驂馬，在河邊立下盟誓。（《韓非子・外儲說左上》）

文公元年（公元前六三六年）春，秦國出兵送重耳來到了黃河。咎犯說：「臣下追隨國君周旋天下，過失很多，臣下自知，又何況是國君呢？臣下請求告辭。」

重耳說：「如果回國而不與子犯共享，請河伯見證！」就投璧入河，與子犯立下盟誓。（《史記・晉世家》）

解說

文公解下左驂，目的應該是用來歃血為盟（諸侯會盟，常取牛、馬之血以塗口）；而璧，可以禮天祭地，又可用於使節往來。為什麼即將成為一國之尊的文公，對待部屬會傳達「解驂」、

「投璧」這種嚴肅而且強烈的肢體信息？

就文公而言：

1. 文公的行為目標，已由消極、被動的逃亡、苟安，一變而為積極、主動的返國前部署。
2. 垂老之年，已經備嘗艱辛，一旦回國，當然希望衣錦榮歸，一壯行色。
3. 前項行為決策，經咎犯抗議之後，文公承認是重大過失；既是重大過失，當然需要釋出重量級的「解驂」、「投璧」等肢體信息去作修正。

就咎犯而言：

1. 咎犯的諫諍，不無邀功的嫌疑，但即使是邀功也並無不當。何況他邀功是為全體邀功，不全是為一己之私。
2. 提醒文公不忘流亡之隨從，間接也就暗示文公勿忘流亡之經歷。
3. 警告文公，返國前夕如果喜新厭舊，難以掌控基本班底；一旦回國，必然分崩離析，難保大位。

04 宓子賤　掣肘造境

劉基《百戰奇略．聲戰》：「聲東而擊西，聲彼而擊此。」

引子

行為決策的擬定基礎，不外是外來信息、個人特質與內在經驗。而水無常勢，兵無常形，行為決策也可以是變化多端的。

有開放的心態，才能接收外來信息，孔子的弟子宓子賤就是一個很好的例子。

宓子賤（約生於公元前五〇二年）即將接任單父（《呂氏春秋》作亶父，在今山東單縣之南）的地方官，走馬上任之前，就先拜訪陽晝，請教治民之術。陽晝卻以釣魚之道作為比擬：「當放下魚餌投下釣絲之後，即迎面就餌的，一定是陽橋魚，這種魚，肉薄而不可口。而態度若有若無，像在吃餌又不像在吃餌的，一定是魴魚，這種魚，肉多而味美。」

宓子賤說：「好極了。」就出發上路了。

宓子賤的車駕尚未到達單父，一些當地的貴人顯要已經絡繹不絕地在路上迎接他。子賤就對著馬車夫說：「快駕車離開，快，陽書所說的陽橋魚來囉！」

到了單父，宓子賤就敦請當地年高德劭的賢達來共同治理單父。

其實宓子賤不但有開放的心胸可以接收外來信息，他也可以運用個人的其他特質，使行為決策更加機動靈活。

故事

宓子賤治單父，擔心魯君聽信小人之讒言，而使自己無法放手去做；所以在向魯君辭行時，他請求魯君派兩名僚吏與他一起赴任。

走馬上任之後，各單位僚吏都來辦公；宓子賤要這兩名僚吏擔任文書抄寫的工作，僚吏每次拿筆寫字，子賤就時時從旁掣搖他的手肘。僚吏寫不好字，而子賤卻又對他發怒，僚吏心生恐懼，只好請辭。子賤說：「你的字寫得很差，你還是請回吧！」

這兩名僚吏回報魯君，說道：「我們無法為宓子書寫文書。」魯君問為什麼。

僚吏說：「宓子要我們寫字，卻老在一旁掣搖我們的手肘，這麼一來字當然寫不好，而宓子又因此對我們發怒。當地僚吏都恥笑宓子，我們也只好請辭而回了。」

魯君嘆息地說：「宓子是用這個方法來諫諍我啊！我一定經常干涉宓子，讓他不能放手去做；要不是你們兩位做媒介，我幾乎又犯下過失。」

於是魯君就派遣親信到單父，告訴子賤說：「從今天起，單父不屬於我，而屬於你；有任何可以改善單父的方案，由你自行裁決。五年之後，我再聽取你的施政大要。」子賤恭敬地允諾，放手施政。

三年之後，子賤的同學巫馬旗故意穿著破舊的衣服，前來單父觀察子賤的教化。

巫馬旗在夜裡看到捕魚者一邊捕魚，一邊隨手放魚。好奇之下，就詢問漁人：「你為什麼捕了魚又放回去？」

漁人說：「宓子不希望人們捕小魚，所以我們要是捕到小魚，就將小魚放回水裡。」（《呂氏春秋・審應覽・具備》）

解說

就謀略的觀點來看宓子賤：

1. 他採取「掣肘」的肢體動作，只是行為決策中的一環，用意是在營造不願受干擾的情境。

2. 情境營造完成後，必須進一步做「情境轉嫁」的工程，使魯君感受到宓子賤也有相同的情境。

3. 僚吏是宓子賤「借木搭橋」的媒介。

4. 由行為決策逆溯宓子賤的行為目標，可知是「獨力治民」。

5. 「獨力治民」的第三年，可知已達到「使民守法」的境界。因為即使是在夜裡，漁人也是守法不捕小魚。

6. 如果魯君的五年期約屆滿，想必漁人必定知道不可「竭澤而漁」的道理，而不只是為了守法而釋放小魚。這種兼顧「生態」與「生活」的境界，才是宓子賤行為目標的真正內涵，而整體過程是由「掣肘」的肢體信息一路開展出來的。

05 句踐　式禮怒蛙

《孫臏兵法・延氣》：「合軍聚眾，務在激氣。」

引子

佛洛伊德曾說：「一般人掩飾不了自己，即使口唇緊閉而手指微動，祕密也會由他的每個毛孔中流洩出來。」

劉邦「解衣推食」的舉止收攬了韓信，周公「握髮吐哺」的肢體信息，更是悅服了天下人。

當武王駕崩之後，成王尚在襁褓之中。周公擔心天下諸侯一知道武王駕崩就會叛變，於是代理成王處理政務。管叔（周公之弟）及其他的弟弟就散播謠言，說周公將不利於成王。周公於是先游說國之大老太公望、召公奭：「我之所以毫無避諱地代行政務，是怕天下叛變，對不起太王、王季、文王等先祖。先祖為天下憂勞甚久才有今天的基業，而武王很早就駕崩，成王年幼，為了保全周的天下，我不得不如此。」

接著，周公正式輔佐成王，然後派他的兒子伯禽到魯國代理政務（周公原本受封於魯國）。伯禽行前，周公告誡他說：「我是文王之子、武王之弟、成王之叔，在天下之中，地位並不卑賤。但是我憂勤不已，以『一沐三捉髮，一飯三吐哺』（後人將捉髮改為握髮）的態度接待天下士人，還恐怕會漏失天下的賢人。所以你到魯國就任，千萬不要以諸侯的身分傲視於人。」（《史記・魯周公世家》）

從周公輔佐成王開始，一直到完全交出政權給成王為止，其中的過程雖然曲折、複雜，但確實沒有什麼私心，所以他告誡兒子的話也應該可信。既然可信，我們就不難想像「吐哺握髮」的肢體魅力必定足以收攬天下人心了，只是這份苦心孤詣沒有使他憂勞成疾，還真是萬幸呢！洗個頭被迫停頓三次，吃頓飯起身三次，固然辛苦，但應是可信的常態。《淮南子・汎論訓》提到大禹「一饋而十起，一沐而三捉髮」，則是吃頓飯要起身十次，就或許略嫌誇張了。

而歷史上竟還有比周公更苦的人，他是句踐。句踐被吳王夫差打敗（公元前四九四年）之後，甘為僕役，甚至為吳王「嚐糞」、「牽馬」，才撿回了一條命，然後又「臥薪嚐膽」，想盡辦法「生聚教訓」。而其中最絕的是他竟然利用偶然的機會，施展了一招「式禮怒蛙」的肢體謀略。

故事

有次越王句踐外出，見到了一隻鼓氣作勢的「蛙」（「怒蛙」），就站在車上，扶著車前橫木，向怒蛙敬禮。

駕車手狐疑的問道：「為何要敬禮？」

句踐說：「怒蛙有此雄偉壯觀的氣勢，怎能不向牠敬禮呢？」

國內士人聽聞此事之後，說道：「怒蛙有氣勢，大王就向牠敬禮，何況對勇敢的士人呢？」當年就有人自殺示勇，託他人向越王獻上頭顱。

句踐想對吳國復仇，看到了國內的氣勢已成，就進一步試探他的教化是否完全成功。

他先教人築臺，之後又加以焚燒，然後擊鼓下令，凡是勇敢救火的人，都給予獎賞。接著，他又在江邊擊鼓下令，勇敢入水的人，給予獎賞。最後，則要士兵投入戰場，凡是奮不顧身的人，都可以獲得獎賞。

既然藉火、藉水、藉作戰，都可以是激勵人心的辦法，何況藉著法令制度而進用賢人呢？它的效用必然更大。（《韓非子・內儲說上》）

解說

故事（應屬寓言）中的「式禮怒蛙」激起了一連串的勇士效應，這是必然的，因為就心理學來說，人心會做出以下的反應：

1. 做出轉化推論。由「式禮怒蛙」推論出「禮賢下士」的結論。
2. 形成羊群效應。人心多半有附和群眾的趨向，一旦有人帶頭示勇，必然接二連三，而後群起仿效，蔚為風潮。

但是，以理性的態度來看，「式禮怒蛙」所要傳遞的信息必然只是全盤謀略規劃中的一項而已，絕對不能獨立於句踐的人格特質、復仇動機，和長期的謀略經營之外。

06 司馬穰苴　斬僕殺馬

桓寬《鹽鐵論・疾貪》：「刑一而正百，殺一而慎萬。」

引子

在心理學上，人們會出現尋找「代罪羔羊」的行為。

人們不免有情緒需要宣洩，不免有壓力需要轉嫁，不免有責任需要推卸。但是情緒與壓力有時不知道是來自何方，所以無從宣洩，也無從轉嫁。有時則因為情緒與壓力的根源來自於強者或上級，所以不敢宣洩，不敢回擊。而責任的歸屬也是一樣，有時是自己不願承擔，有時則是不敢要求強者或上級承擔。在這種情形之下，只好軟土深掘，嫁禍於人，或者尋求代罪羔羊。

而心理學上，人們又有「知覺行為的修飾能力」，所以即使是尋找代罪羔羊，也得編造堂而皇之、名正言順的藉口。

以曹操為例：

曹操有次出兵在外，軍糧不足。他就私下對糧庫主管說：「怎麼辦？」糧庫主管說：「可以用小斛來充數。」（以小斛代大斛，類似於以市斤代公斤）曹操說：「好。」

過了一陣子，軍中鼓噪，認為曹操欺瞞軍心。曹操就對糧庫主管說：「只好殺你來平息眾怒了。」於是處斬糧庫主管，然後提取他的首級示眾，宣布說：「糧官用小斛發放軍糧，私盜官穀，殺無赦。」

殺人滅口，平息軍心，紓緩糧荒，曹操一舉三得，真是夠狠。

而在曹操之前的司馬穰苴，雖然也曾尋求代罪羔羊，但是態度上是理直氣壯，作法上是委婉間接。

故事

春秋時齊景公（死於公元前四九〇年）曾受挫於晉、燕二國的軍隊，於是接受晏嬰的推薦，任命司馬穰苴為將軍。

司馬穰苴接受任命之後，說：「臣子原本卑賤，大王提拔我於部隊之中，突然之間就有高於其他大夫的地位，恐怕士卒不會依附，百姓不會信任。我人微權輕，希望朝廷能指派大王寵幸、國人尊崇的大臣來監軍。」於是齊景公就答應了，而且指派莊賈前往。

穰苴告退之後，與莊賈約定次日中午在軍門相會。一完成約定，穰苴就先趕回軍中，立下計時器，開始計時以等待莊賈。

莊賈素來恃寵而驕，認為既是自己的部隊，而且又身為監軍，所以並不急於前往。而親戚好友、左右故人又備酒相送，所以莊賈就流連飲酒，拖過了中午尚未趕到。

中午一到，穰苴就拆毀計時器，進入軍門，召集部隊，申明法令，嚴陣以待。到了傍晚，莊賈才到。穰苴說：「為何遲到？」莊賈謝罪說：「不才因親戚故舊相送，所以逗留了一陣子。」穰苴嚴肅地說：「將領一旦接受任命就該忘其家，身入部隊就該忘其親，投入戰場就該忘其身。如今敵軍深入，國內騷動，士卒暴露於險地，國君寢不安席、食不甘味，百姓之性命都維繫於你，你怎麼還顧及親戚的餞別呢？」

於是當場就召來軍法官，問道：「在軍中相約而遲到者，如何處置？」軍法官說：「當斬。」莊賈大為恐慌，趕緊派人馳報景公，請求救援。使者出發之後，尚未回來，穰苴就在三軍面前處斬了莊賈，三軍將士無不震驚戰慄。

過了許久，景公派使者帶著信物，馳入軍中，表明饒赦莊賈。穰苴說：「將領身在軍中，

『君令有所不受』。」又召來軍法官，問道：「不經通報就馳入軍中，依軍法當如何處置？」軍法官說：「當斬。」使者十分恐懼。

穰苴說：「國君的使者不可妄殺。」於是處斬駕車的僕人，砍斷車子左邊的木柱，又殺了左邊的馬匹，以宣示三軍，並且派使者回報景公。接著，就帶兵出征了。（《史記・司馬穰苴列傳》）

解說

莊賈不是羔羊，而是穰苴「殺雞儆猴」謀略中的雞，雞越大越尊貴，儆猴的效果越好。其實殺莊賈以立軍威，只是整套謀略中的第一步棋。第二步呢？就是留給莊賈派使者回奏景公的空間，有了這個空間作伏筆，才能帶出第三步棋，那就是「殺僕斬馬」的肢體謀略。

而其高明處乃在於：

1. 斬殺大王寵幸、國人尊崇的大臣，當然是緊急事務；所以讓使者因急於頒布赦令而「馳入軍門」，觸犯軍法。
2. 行使軍法時，都是對三軍做「震撼教育」式的宣示。而此宣示，正是出征的最佳保障。

3. 國君的使者當斬而不斬，是顧全國君的尊嚴，不讓國君受過度的挫辱。

4. 殺僕斬馬，是替使者找代罪羔羊，也是間接替國君找代罪羔羊；而不是自己在推卸責任，或嫁禍於人。

那麼，穰苴出征的結果是如何呢？那當然是使晉、燕二國之軍隊聞風而退，完全收復失土。齊景公則率大夫郊迎勞師，尊他為「大司馬」。這也就是司馬穰苴本來姓「田」，卻被稱為「司馬穰苴」的原因。

07 廉頗 肉袒負荊

《中庸》：「知恥近乎勇。」
《大學》：「君子有大道，必忠信以得之，驕泰以失之。」

引子

追求卓越需要意志，承認罪過需要勇氣。

成功可以換取喜悅，謙卑可以儲備力量。

春秋楚莊王十七年（公元前五九七年）春，楚國率軍包圍鄭國，經過三個月，攻克了鄭國。楚莊王率軍進入鄭國的城門，鄭襄公袒露上身，牽著羊來迎接楚王。鄭襄公說：「我行事不合天意，無法好好地事奉大王，使大王懷怒以致攻伐我國，這是我的罪過，我願唯命是從。如果大王未曾忘懷鄭國祖先周厲王、周宣王、鄭桓公、鄭武公，不忍斷絕他們的社稷，使鄭國能順服大王，則是我的心願；但我不敢有所期望，只是大膽的表達我的誠心。」

楚國群臣都說：「大王不要答應他。」

楚莊王卻說：「他們的國君能謙卑為懷，必定能取信於民，使人民樂於受差遣，怎麼可以斷絕他們的社稷呢？」

莊王於是親自掌旗，下令軍隊退移三十里，然後接受鄭國求和。

鄭國求和成功，得力於天時與人和。

所謂天時，是因春秋之時，周天子尚有些許威望，諸侯之間的戰爭多半也只在求勝以示威；不像戰國時代，天下共主式微，戰爭規模擴大，動不動就屠城滅國，坑殺兵卒數十萬人。

而所謂人和，則是鄭襄公承認失敗，誠心求和，在國內必然尚有威信；楚莊王不願冒險滅掉一個難以受其統治的國家。

故事

廉頗是趙國良將，趙惠文王十六年（公元前二八三年），他率領趙軍，大破齊國，拜為上卿，勇氣聞名於諸侯。而藺相如，趙國人，是趙國宦官總管的僚屬。

西元前二七九年，秦國、趙國舉行澠池會盟，藺相如陪同趙王與會，不受屈辱。回國之後，朝廷認為相如功勳偉大，所以拜為上卿，地位在廉頗之上。

廉頗說：「我身為趙國將領，有攻城野戰的大功，而藺相如只是善逞口舌之能，地位竟然在我之上。何況相如往日地位卑賤，我深感羞愧，不願屈居在他之下。」又公開對外表示：「我如果遇到相如，一定會當面挫辱他。」

相如聽說之後，就避免與他相見。該上朝時，相如常常裝病，不願與廉頗爭位。後來相如外出，遠遠看到廉頗，就將車子掉頭迴避。

相如的僚屬都競相規諫相如，說道：「我們之所以遠離親人而來事奉先生，是因為仰慕先生的高義。如今先生與廉頗同列，廉頗公開口出惡言，而先生就畏懼而逃避，實在是恐懼過度。我們這些手下都覺得不齒，何況是朝廷的將相呢？我們實在不肖，請求向先生告辭。」

相如堅決地阻止他們，問道：「你們拿廉頗與秦王相比，覺得如何？」

僚屬們答道：「廉頗不如秦王。」

相如又說道：「以秦王之威嚴，相如都敢當廷叱責他，並且挫辱他的群臣，相如即使駑鈍，又哪會畏懼廉將軍呢？只是我心中認為強秦之所以不敢侵略趙國，乃因為有我們兩人的緣故。如果我們兩虎相鬥，必然有人折損。我之所以這麼做，完全是為了國家而先公後私。」

廉頗聽說之後，就袒露上身，背負荊條，在賓客引導下，來到相如家中謝罪，說道：「鄙賤

之人，實在不知將軍是如此之寬大。」最後二人握手言歡，成為刎頸之交。（《史記・廉頗藺相如列傳》）

解說

知過能改，善莫大焉。

藺相如出身卑微，但是曾經氣懾秦王，完璧歸趙，又曾陪侍趙王參與澠池之會，不受屈辱，所以堪稱智勇雙全。而他能夠先公後私，更透顯出豁然大度。

而廉頗曾經百戰沙場，克敵制勝，自然不願屈抑人下。但他在公開宣言之後，竟然能自己找下臺階，而且是在大庭廣眾之下「肉袒負荊」，勇氣之佳，絕對不下於臨陣攻伐。

榮譽是人的第二生命，所以人們常有「士可殺不可辱」、「餓死事小，失節事大」的觀念。但死要面子，又常是一個人無法突破困境的阻礙；畢竟「維護自我形象」是人類的重要行為目標。

如今廉頗能夠看破「面子」這個臭皮囊，就已經做到「自我昇華」的境界，因為他同樣有著「先公後私」的價值取向，已經可以不顧世俗的毀譽了。

08 田單 陣前擂鼓

《老子・二十四章》：「自伐者無功，自矜者不長。」

引子

田單是抗燕救齊的復國大英雄。

他是出身於齊國貴族的支系，臨淄（今山東淄博）人。燕將樂毅攻打齊國，勢如破竹，只有莒城與即墨（今山東平度東南）未被攻下。他當時堅守即墨，於齊襄王五年（公元前二七九年）施行反間計，使燕惠王改派騎劫為將，然後用火牛陣突擊燕軍，一舉收復七十餘城。齊襄王任命他為相國，封安平君。

戰略精準、聲望如日中天的田單，不久之後受命為上將軍，帶兵十萬攻打翟（狄）國，卻接連三月久攻不下，而飽受挫折。最後修正決策，才一舉成功，其中曲折到底如何呢？

故事

田單受命為上將軍，率兵十萬，將進攻翟國。出發前先去拜訪齊國高士魯仲連。

魯仲連說：「將軍這次攻翟，必定打不下來。」

田將軍說：「我田單曾經僅憑方圓五里的內城、方圓十里的外城作為基地，光復了齊國，為何會打不下翟國？」就逕自上車，不與魯仲連交談了。

田單決定攻打翟國，但出兵之後，連續三個月無法攻下，當時齊國的孩童唱著歌謠：「帽子大得像畚箕，寶劍長得抵面頰，攻翟攻不下，屍骨堆成丘。」

於是田單大為驚慌，連忙去拜訪魯仲連。

田單說：「先生為何知道田單攻不下翟國？」

魯仲連說：「當年將軍坐鎮即墨城的時候，不是坐著編織土籠，就是站著用鍬挖戰壕，在士卒之中以身作則，並且激勵士卒說：『宗廟亡了，祖靈散了，將何去何從？』所以將士都抱著必死的決心。如今將軍東有掖邑（今山東平度東南）之封地，西有淄水邊上的財富，平時穿金戴銀，得意地馳騁於淄水、澠水之間，所以只顧享受生命而不願冒險了。」

田單聽了之後，第二天就紮起了頭髮，挺立在弓箭、石塊交加的前線，並擂起戰鼓。不久，翟國就被攻下了。

所以可以說「將帥是士卒的靈魂，士卒是將帥的肢體」，如果內心游疑不定，肢體便不聽使喚。（《說苑．指武》）

解說

我們先看田單前後三次的肢體表現，再看決策成敗的形成過程。

就肢體動作而言，前後三次可供明確比對。

1. 編織土籠，手挖戰壕，身先士卒。（光復齊國）
2. 穿金戴銀，得意馳騁。（久攻不下）
3. 挺立險地，陣前擂鼓。（攻克翟國）

肢體會說話，而且表意明確，更妙的是，它又與決策的成敗結果一致。

另外，我們要討論決策成敗的形成過程。就進攻翟國先敗（與預期不符，算是失敗）後勝的情形來說，決策的成敗，與「信息」的運用息息相關。

「信息」分為外在的情報、評論，以及內在的經驗、判斷。

1. 攻翟之前，拜訪魯仲連，是想蒐集外在信息，但此項外在信息與田單的內在信息不相應，所以被摒棄了。

2. 鏖戰三月之後，田單對內在信息失去信心，又聽到了外在信息（童謠），心中產生恐慌，覺得必須重覓信息，再定決策。

3. 重訪魯仲連，釐清外在信息，喚起內在經驗，然後毅然修正決策。

肢體信息與決策成敗符節相應，由此可知。

09 趙高 指鹿為馬

《周易・繫辭下》：「故惡積而不可掩，罪大而不可解。」

引子

公元前二一〇年，秦始皇出遊，巡行天下，而病死於沙丘（今河北平鄉縣東北）。但當時只有他的兒子胡亥（二世）、李斯、趙高及隨侍的五、六名宦官知道他死亡。李斯身為左丞相，認為秦始皇駕崩在外，恐怕諸公子及天下生變，於是祕不發喪。而中車府令趙高認為機不可失，就開始圖謀不軌。

趙高原是趙國貴族，入秦為宦官，管事二十餘年。在宮中，因趙高曾教胡亥讀書及學獄律法令，所以深受胡亥信任。始皇一死，他就說服胡亥，威脅李斯，毀棄始皇留給公子扶蘇的遺詔：

「以兵屬蒙恬，與喪會咸陽而葬。」

然後偽稱李斯在沙丘受始皇遺命，立胡亥為太子，並下令給公子扶蘇、蒙恬，指陳二人之罪狀，說他們掌控兵員數十萬，與匈奴對陣十餘年，卻無尺寸之功。於是要公子扶蘇自裁，而蒙恬則移交兵權給裨將王離。

事後，扶蘇果然自殺，而蒙恬則下獄。李斯、趙高回到咸陽，就展開整肅的行動，殺了公子十二人、公主十人，大臣被殺、受囚的更是不計其數；接著，鳥盡弓藏，李斯父子也被趙高以謀反之罪名加以殺害。趙高乃被任命為中丞相，事無大小都取決於他。

此時趙高位高權重，而且已經逐步實現他的陰謀，那麼下一步他將會怎麼做？下場又是如何呢？

故事

公元前二〇七年八月己亥日，趙高自知已掌握空前未有的大權，而且有意謀反，但擔心群臣不願順從，於是做了一項試探。他向二世胡亥獻鹿，並指稱是馬，二世笑著說：「丞相錯了吧！怎把鹿說成馬呢？」問左右，左右群臣有的沉默不語，有的則說是馬，以阿諛趙高，有的則說是鹿。事後那些說鹿的臣子都被羅織了罪名，從此群臣都畏懼趙高。

而二世也在心中起了疑惑，就召來太卜，請他卜卦。太卜在占卜之後，說二世「齋戒不明」，於是請二世入上林（遊獵的園林）齋戒，二世就每天遊獵於上林。有一天，有人闖入上林，被二世射殺了。趙高就教唆他的女婿咸陽令閻樂追究有人殺人並移屍上林的事，然後勸諫二世說：「天子無故射殺無辜的人，這是上天忌諱的事，只怕鬼神不佑，天將降災，請遠離宮殿並祭祀除災。」二世聞言乃遷往望夷之宮。

二世待在望夷之宮的第三天，趙高以郎中令為內應，詐稱有盜賊入侵，然後要閻樂帶兵攻入宮中。閻樂入宮之後，對著二世說：「足下驕矜放肆，誅殺無道，天下皆背棄足下，希望足下自行了斷。」二世說：「可以見丞相嗎？」閻樂說：「不可。」二世說：「我只求保留一郡為王。」閻樂不答應。二世說：「願為萬戶侯。」閻樂又不答應。二世最後說：「願與妻子兒女降為平民，比照先前被降黜的公子。」閻樂說：「我受命於丞相，為天下殺足下，足下雖然有很多願望，我卻不敢呈報。」於是揮兵前進，二世只好自殺了。

二世死後，趙高想自立為王，就拿王璽佩在身上，但左右百官並未順從；上了宮殿，宮殿竟然連續幾次搖搖欲墜。趙高自知天命不從，群臣不許，只好立二世之兄子公子嬰為秦王。

趙高令子嬰齋戒之後入太廟接受王璽，子嬰卻託稱生病而未去，但事先已派其子及宦官韓談埋伏在太廟，一見趙高進入廟中，就將他刺殺，事後則更夷滅趙高三族。（《史記》〈秦始皇本

紀〉及〈李斯列傳〉）

解說

趙高「指鹿為馬」、「佩戴王璽」的肢體信息顯而易懂，就是想自立為王。然而他的決策注定要失敗，為什麼？如果以企業行銷的觀點來看：

1. 無從建立形象。趙高是宦官，是天下所鄙棄的刑餘之人，根本無從建立行銷的形象，何況歷史上根本就無前例可循。
2. 完全不懂包裝。趙高釋出「指鹿為馬」的肢體信息，本意是用來試探，其實卻是露骨的表態，群臣看到的只是赤裸裸的猙獰面目。而「佩戴王璽」的肢體動作，更是不假修飾，毫無包裝的美感可言。古代君王登基，常故作謙遜，讓臣下三迎四請甚至九請之後再登基，雖然是過度包裝，但總比趙高「沐猴而冠」的猴急相要好太多了。
3. 自斷行銷網路。人際網路是行銷的血脈，而趙高卻殺李斯、蒙恬、扶蘇、公子、公主，不留餘地；甚至又藉著「指鹿為馬」的決策剷除異己，根本就已自斷行銷網路，到頭來可用的人手不過是自己的女婿而已。

10 劉邦 傷胸摸腳

英・莎士比亞《維納斯與阿都尼》：「智謀出於急難，巧計出於臨危。」

引子

劉邦被稱為中國第一個平民皇帝。秦末大亂，群雄蠭起，逐鹿中原，其中不乏諸侯名將，劉邦憑什麼能耐，竟然可以先馳入關而後又一統天下？後人認為最大的因素是在於他的胸懷寬闊，能夠知人善任，而這也是他最引以自豪的，所以他說：「夫運籌帷幄之中，決勝於千里之外，吾不如子房（張良）。鎮國家，撫百姓，給餽饟，不絕糧，吾不如蕭何。連百萬之軍，戰必勝，攻必取，吾不如韓信。此三者，皆人傑也，吾能用之，此吾所以取天下也。項羽有一范增而不能用，此其所以為我擒也。」

知人善任當然是劉邦致勝的基本因素，但是軍事情勢瞬息萬變，他又憑什麼而能隨機應變呢？他憑藉的是超乎常人的人格特質——兼具創意、效能、膽識、機智的決策能力。

故事

公元前二〇三年，楚漢僵持不下，雙方的壯丁在部隊中都叫苦連天，老弱轉運糧食也疲於奔命。劉邦與項羽以廣武（在今河南成皋）為界，各據一方山頭，隔著深澗相互叫陣。

項羽想要約劉邦單打獨鬥，劉邦不肯，並且數落項羽說：「當初我與項羽一起受命於懷王，說好先入關而能平定關中的人可以稱王，但是項羽背約，將我分封在蜀漢，這是第一罪。項羽假藉楚王之命殺掉卿子冠軍（宋義），並自立為西楚霸王，這是第二罪。項羽在解除趙地的威脅（章邯投降）之後，應當回報楚王，然而卻擅自劫持諸侯的部隊入關，這是第三罪。大家與懷王相約，不論是誰先入關，絕不可施暴擄掠，但是項羽卻焚燒秦朝宮室，挖掘秦始皇的墳墓，並將財物納為私有，這是第四罪。強行殺害已降的秦王子嬰，這是第五罪。在新安（河南澠池縣東）詐騙、坑殺秦子弟二十萬人，並封其將領為王，這是第六罪。項羽都把好的土地分封給自己的將領，而將故主（指田市、趙歇、韓廣等人）遷移到偏遠之處，使得臣下爭相叛逆，這是第七罪。項羽將義帝（懷王）逐出彭城，而以當地為國都，奪取韓王的土地，併吞梁、楚，而且大都據為己有，這是第八罪。項羽派人暗殺義帝於江南，這是第九罪。身為人臣而弒其國君，殺害投降者，又為政不公，背棄盟約，天下不容，大逆無道，這是第十罪。我率義軍，追隨諸侯誅殺暴徒，只要派罪犯去擊殺項羽就行了，又何必親自與項羽挑戰？」

被數落之後，項羽大怒，引弓射中劉邦。劉邦胸口受傷，竟然摸著腳，說：「敵人射中我的腳趾。」劉邦受創生病，臥倒休息，張良卻強行請劉邦起來勞軍，以安定軍心，不讓楚軍乘勝追擊漢軍。（《史記‧高祖本紀》）

解說

漢王劉邦胸口受創，卻摸腳大叫趾頭受傷，難道是因為初受箭傷，一時不知所云（司馬貞《史記索隱》有此一說），所以隨口亂叫？當然不是！

如果配合後來張良強行請劉邦勞軍的動作看來，劉邦釋出的信息只有一個目的，那就是「安定軍心」。

試想，一軍主帥傷中要害，必然引起軍情躁動，接著很可能出現轍亂旗靡，棄甲曳兵，兵敗如山倒的慘狀，屆時歷史勢將被改寫。所幸劉邦事雖急而心不亂，先來一招「傷胸摸腳」，即使不免引起軍中狐疑，但隨後即由張良陪同勞軍，一場風暴就消弭於無形之中了。

再試想，一般常人身處危急之險境，是否能如此鎮靜，如此狡黠？所以我們不得不佩服劉邦有超乎常人，甚至說是天縱英明的決策力。

所謂「決策」，在謀略學上，是指解決問題，達成「目標」的方案。

就「目標」而言，可以依時間分為長程、中程、短程的目標；可以依複雜性分為複合目標與單純目標。

就解決問題而言，即是在面對不同目標所產生的壓力結構時，思索出「最小阻力」的原則，然後付出行動。這項行動就是「決策」。

一般「決策」的擬訂，須通過外部信息的蒐集、研判，及內部的自我提示（如經驗、創意），甚至必須加上行動前的模擬測試。

以前述的事例而言，劉邦要達成的雖是短程的單純目標，但臨陣中箭，事出緊急，豈有思索、猶豫的空間？他的反應是來自於直覺，所以我們才稱它是兼具創意、效能、膽識、機智的決策力。

11

項羽　烏江自刎

杜牧〈題烏江亭〉：「勝敗兵家事不期，包羞忍辱是男兒；江東子弟多才俊，捲土重來未可知。」

引子

人類其實與實驗室中的白老鼠一樣，常脫離不了制約反應。人遇到刺激就會做出反應，不同的人遇到相同的刺激卻不一定做出相同的反應。一個人對人、事、物都有記憶、理解、綜合、分析、運用的能力，只是技巧各不相同，程度也高低有別。

而不同的人，基於不同的個人特質、學習過程、應事經驗、能力結構，對於外界的刺激，常會做出一定模式或習慣性的反應。這種情形，在心理學上就稱做「習慣領域」。

歷史上的一些成功人物，往往就是能夠折節向上、幡然悔悟的人；換句話說，就是能夠突破舊有習慣領域，能夠保持高度可變性的人。

曾國藩就是一個很好的事例。他是清朝中興的賢臣、名將，被譽為中國近代最有影響力的人物之一。難以想像的是，在他的習慣領域中，遇到重大的挫折，竟然有自殺的傾向。

他不止一次投水自殺，但都被左右隨從救起（《清史稿注》記錄一次，羅家倫《新人生觀》說兩次，蕭一山《清史》說兩次），原因是他以幫辦團練的身分編辦湘軍，建立水師，懷著雄心壯志以對抗太平天國的部隊，未料先是在靖港（在今湖南長沙市西北六十里湘江西岸）大敗，不久又在鄱陽湖遭遇石達開火燒坐船而大敗。接連失敗使他一再投水自盡，甚至根據《清史》列傳中何璟的奏略，他曾在軍中「手書遺囑，帳懸佩刀」，隨時有自裁的準備。

但自殺不死之後，他卻能以「屢敗屢戰」的意志，揚棄舊有的習慣領域，終於排除許多艱險，消滅太平天國，協剿捻亂，建立了曠世的功業。

另外，我們看看項羽為什麼會失敗。

故事

公元前二〇二年，項羽屯軍垓下（今安徽靈璧縣東南），兵少食盡，被漢軍及諸侯兵團團圍住，在四面楚歌之下，以為漢軍已盡得楚地，於是率兵八百餘騎突圍而出，一路奔逃。渡過淮水到了陰陵，卻陷入大澤之中，只好引兵往東來到東城，這時只剩下二十八名騎兵，而隨後追捕的漢軍卻有數千人。

項王自知無法逃脫，就對部下說：「我起兵以來已有八年，親身經歷七十餘戰，戰無不克，攻無不勝，不曾敗北，才能稱霸天下。然而今日卻受困於此，這是上天要亡我，不是我作戰失利的緣故。今日免不了一死，但我還希望為各位來個速戰速決，一定要勝三回合，為各位突圍、斬將、刈旗，讓各位知道這是上天要亡我，而不是作戰失利的緣故。」

於是他將騎兵分為四隊，分別朝著四個方向。當時漢軍已將他們重重包圍，項王說：「我為各位殺他們一個將領。」就下令四隊由四個方向奔馳而出，並相約在九頭山分成三處會合。

項王大呼一聲，奔馳而出，漢軍人馬大驚之下，已被斬殺一名將領。這時候，赤泉侯身為漢軍騎兵將領，衝著項王追來，項王瞪大眼睛，大聲叱喝，赤泉侯的人馬竟然在驚慌之下退避數里。不久項王果然與騎兵在山上會合為三處。

漢軍不知道項王身在何處，就將部隊分為三處，再度將他們包圍住。項王又飛馳而下，斬殺都尉一人、士兵數百人，然後與部下會合，發現才短少了兩名騎兵。這時項王對部下說：「如何？」騎兵們都說：「果然如大王所言。」

項王想東渡烏江（今安徽和縣），烏江亭長泊船等候著，對項王說：「江東雖小，土地尚有千里方圓，人口也有數十萬，還足以稱王，希望大王趕緊渡河。現在唯獨我有船，漢軍一來是無法渡河的。」項王笑著說：「是上天要亡我，我何必渡江呢？何況我與江東子弟八千人渡江向西，逐鹿中原，如今卻無一人生還；即使江東父老同情我、臣服我，我那有面目見他們呢？就算他們不說，我心裡難道不覺得愧咎？」

說著，就把愛馬賜給亭長，令騎兵下馬步行，與漢軍短兵接戰，殺了數百人之後，看到漢軍中的故人呂馬童，就說道：「聽說漢王用千金懸賞我的首級，並且食邑萬戶，我就讓你去領賞吧！」說完就自刎了。（《史記・項羽本紀》）

解說

關於項羽失敗的原因，經歸納後，大約如下：

1. 有勇無謀，不能知人善任。如放逐義帝、有范增而不能用等等都是。
2. 婦人之仁。所以鴻門宴中未殺劉邦。
3. 英雄主義作祟。劉邦為了逃亡，可以連親生子女都不顧，而項羽卻怕無顏見江東父老。而且屢戰屢勝，驕氣難馴。

4.缺乏地利。劉邦佔有關中，進可攻，退可守；而項羽卻轉戰於平原地區，缺乏可以固守的後方。

其實，如果以行為決策的觀點重新衡量，項羽也必然失敗，因為他固守習慣領域，缺乏行為決策的可變度。

而他的習慣領域就是迷信武力與戰術，我們試從他的個人特質、學習過程、歷事經驗來看。

1.就個人特質而言。他曾約劉邦單打獨鬥，劉邦卻說寧願鬥智而不鬥力；相對之下，顯得項羽有勇而無謀。

2.就學習過程而言。項羽少時，學書不成，去學劍，又不成，他的叔父項梁大怒，項羽卻說：「書只要足夠記姓名就好了，劍只是一人敵，不足學，要學就要學萬人敵。」於是項梁就教他兵法，但略知大意之後，又不肯學其精髓。可見他迷信武力，卻又驕狂浮躁。

3.就歷事經驗而言。他自詡起兵八年，歷經七十餘戰，戰無不克，攻無不勝，所以更是強化了迷信武力的習慣領域。

最後，他失敗了，原因在於未能突破自我設限的習慣領域；甚至臨死不悟，還表示「天之亡我，非戰之罪也」，企圖以自刎的肢體動作轉換而為對上天的譴責，實在是對不起老天爺。

12

周勃　左袒護劉

白居易《策林》：「兵不妄動，師必有名。」

引子

商場如戰場，商戰也一如政爭。

從商要有出征的心理預期，出征是以組織戰為基礎；而商場也基於需要，發展出ＣＩＳ戰略。所謂ＣＩＳ即是企業識別系統（Corporate Identity System），將企業理念與特質，透過視覺化、規格化與系統化之處理，藉以塑造企業之具體形象，並發揮企業體制之管理效能。

ＣＩＳ戰略的實施，須把握幾個重要的步驟：

第一、確立明確的目標。目標必須明確到獨一無二，黑白分明，讓人只有取或捨的選擇，而沒有加或減的斟酌餘地。所以目標制定之初，即應強調該企業體制與其他企業體制間的「差別性」。

第二、使企業形象具體化。目標確立之後，要有明確可分辨、可認同、可遵循的具體形象，諸如企業標誌、產品商標、廣告用語等，使人一望可知而增加共鳴效應。

第三、結合可用資源。不論整編、擴延、吸納、策反，須結合在明確的目標之下，成為可用的企業資源。

第四、鞏固企業生命。對內則健全組織，延續生命；對外則廓清障礙，剷除異己。

故事

公元前一九五年漢高祖劉邦駕崩，惠帝即位，呂后掌握實際政權。惠帝死後（公元前一八八年），呂后臨朝稱制，大封呂氏親族為王，所以權歸呂氏，一直到公元前一八〇年呂后棄世，漢朝體制才獲得復原的契機。

漢高祖在位時曾分封諸侯，其中呂后長兄之子呂台為酈侯，呂產為交侯（後改封梁王），次兄之子呂釋之為建成侯。

高祖駕崩之後，呂后陸續封呂種為沛侯，呂平為扶柳侯，改立酈侯呂台為呂王，封呂祿為胡陵侯（後改封趙王），呂嬃為臨光侯，呂他為俞侯，呂更始為贅其侯，呂忿為呂城侯，呂通為燕王，呂莊為東平侯，呂榮為祝茲侯。

公元前一八〇年呂后病重，下令趙王呂祿為上將軍，掌管北軍；呂王呂產掌管南軍，兼任相國。而絳侯周勃身為太尉，卻不能入軍中掌控兵權。

當時齊王劉襄由其弟朱虛侯劉章通報，得知諸呂專擅大權，有作亂之意，於是先發兵向西，想要誅殺諸呂，自立為王。而朝廷方面聽到消息，相國呂產乃派潁陰侯灌嬰率兵攻齊。但灌嬰為高祖時之老臣，不願為諸呂效力，便屯兵於滎陽，然後派使者與齊王及其他諸侯聯絡，準備共同對抗諸呂。

周勃不能掌握兵權，一時也無力剷除諸呂。剛好曲周侯酈商的兒子酈寄與呂祿素有交情，於是周勃就與丞相陳平合謀，挾持酈商，要他兒子酈寄去欺騙呂祿說：「現今太后駕崩，皇帝（少帝）年幼，而足下身佩趙王印璽，卻不趕緊去趙國就職以守住封土，竟然還戀棧上將軍的職位，帶兵滯留此地，一定會被大臣與諸侯疑忌。足下何不歸還將印，把軍權交給太尉？另外也請梁王（呂產）歸還相國印璽，與大臣立盟而去梁國就位，那麼齊國必定退兵，大臣們也才安心，足下則擁有千里之地，高枕無憂。」呂祿一時之間雖然相信，但仍猶豫不決。

不久，平陽侯曹窋（曹參之子）代行御史大夫之職，參見相國呂產討論事務。恰巧呂氏陣營的賈壽派人由齊國來向呂產報告，說灌嬰已與齊王及其他諸侯聯合，想誅殺諸呂，所以催促呂產趕快入宮掌控大勢。

平陽侯就急忙向丞相陳平、太尉周勃報告。周勃即派酈寄與典客（掌諸侯事務）劉揭去游說呂祿：「皇上希望太尉掌控北軍，而要你到趙國就職，足下趕緊歸還將印，離開京城，不然即將有禍事臨身。」呂祿於是交出兵權給太尉周勃。

周勃進入北軍，就下令說：「助呂氏的人右袒（袒露右肩），助劉氏的人左袒。」結果軍中士卒都左袒表態。

接著，周勃與平陽侯、陳平、朱虛侯聯手，入未央宮殺了呂產，接管了南軍。然後派人分頭逮捕諸呂男女，不論老幼，一律斬殺。

眾臣經過商量，決定迎立代王劉恆（漢文帝），重新布建劉氏諸侯。（《史記・呂太后本紀》）

解說

周勃「左袒護劉」的肢體謀略，與現代ＣＩＳ的戰略不謀而合。

1. 同樣是先確立明確的目標。「誅殺諸呂，護衛劉氏」的目標簡單而明確。
2. 同樣是使形象具體化。「為呂氏右袒，為劉氏左袒」，形象具體，可以激起羊群效應，所以軍中一律左袒。
3. 同樣要結合可用資源。
4. 同樣要鞏固體制的生命。對內則迎立代王，整編體制；對外則布建劉氏諸侯，剷除諸呂，甚至趕盡殺絕。

13 李廣　下馬解鞍

王昌齡〈出塞〉：「秦時明月漢時關，萬里長征人未還，但使龍城飛將在，不教胡馬渡陰山。」

引子

「衛青不敗由天幸，李廣無功緣數奇。」所謂「數奇」就是命運不好。有人說「個性決定行為，行為決定命運」，似乎也只有較高的或然性，而沒有絕對的必然性；正因為如此，命運作弄人的事例，永遠是古今中外熱門的話題。

漢武帝有次巡視郎署，見到了一個潦倒的老郎官，自稱名叫顏駟，由文帝（文帝公元前一八〇～前一五七年在位，而武帝則是公元前一四〇～前八七年在位）時起即擔任郎官，卻一直未有機會升遷。武帝問他為什麼，顏駟說：「文帝好文，臣好武。景帝好老，臣尚少。陛下好少，臣已老。」

依顏駟的說法，他是命運不濟，但是平實度日，安穩一生，最後被武帝授為會稽都尉；比起李廣，似乎也還好。

李廣曾經自嘆：「自從大漢攻擊匈奴以來，我不曾不參與，而各部中校尉以下的帶兵官，才能平庸，卻有數十人因擊胡有功而封侯，我李廣從不落人後，卻無尺寸之功可以受封。」

有才華而不能展現，是一種遺憾；有機會展現才華，卻作梗於命運，更是遺憾。李廣就是屬於後者的典型人物。

所以命運可以歸命運，才華可以歸才華。現在且看李廣的才華。

故事

匈奴大舉入侵上郡（今陝西、綏遠之一部分），景帝派中貴人（宮內近幸）隨李廣學習如何帶兵、攻擊匈奴。

有次中貴人帶著數十騎兵，隨意馳騁，恰巧見到匈奴三人，於是彼此交戰，匈奴射傷了中貴人，也將其他騎兵射殺殆盡。中貴人逃回李廣的部隊，李廣說：「必然是射鵰者。」

說完，李廣就率領百名騎兵前往追逐，發現三名匈奴人棄馬步行（怕留蹄印被追蹤），已逃了數十里。李廣下令騎兵左右圍堵，而他則親自射擊這三人，結果殺了二人，生擒一人，訊問之下，果然是射鵰者。

李廣命人將俘虜綁上馬之後，望見遠方出現匈奴騎兵數千，而匈奴也見到了李廣等人，認為他們是誘敵的騎兵，都吃了一驚，於是紛紛上山布陣。

李廣的騎兵心中十分恐懼，都想奔馳而逃。李廣說：「我們距離總部數十里，現在如果以單薄的兵力逃走，立刻會被匈奴追殺滅盡。如果留下來，則匈奴必然認為我們是大軍之前的誘餌，絕對不敢攻擊我們。」

於是李廣下令騎兵前進，一直到離匈奴布陣處二里左右才停了下來。接著李廣又下令：「下馬解鞍。」騎兵們說：「胡人又多又近，萬一有緊急情況，怎麼辦呢？」李廣說：「那些胡虜以為我們會逃走，現在我們反而要下馬解鞍，宣示不逃，我們必須堅定意志。」於是如李廣所料，匈奴並不敢出擊。

過了一會兒，匈奴陣營中有一個騎白馬的將領離隊，出面整編隊伍；李廣立刻上馬，帶著十餘名騎兵，以迅雷不及掩耳的速度飛奔上前，射殺了白馬將領，然後再回到自己的隊伍。他解下馬鞍，下令騎兵放掉馬匹，然後臥地休息。

漸漸到了傍晚時分，匈奴終究心中狐疑，卻不敢出擊。到了夜半，匈奴兵認為李廣必然有伏兵在旁，想趁夜進攻，所以就帶兵退去了。

次日一早，李廣率騎回到了總部。（《史記・李將軍列傳》）

解說

兵法上有「兵無常勢，水無常形」的說法。戰場交兵，兵不厭詐，實實虛虛，虛虛實實，有時以實為虛，有時以虛為實，有時則虛中帶實，有時則實中帶虛。總之，是要我方知己知彼，也使對方知彼而不知我。

而事例中的李廣則是掌握了下列的要訣：

1. 下馬解鞍，故示鎮定，是以虛為實。企圖在敵方心理上構築「大軍埋伏在旁」的情境。
2. 迫近敵陣，射殺白馬將領，是反客為主。李廣既已構築出誘敵的情境，就可以化被動為主動，進一步強化「以虛為實」的效應。
3. 不論是以虛為實，或反客為主，其背景都是敵眾我寡，彼強我弱；所以非有膽識、毅力、耐心不可。

李廣是一個膽識拔萃、驍勇善戰的名將，胡人直稱之為「飛將軍」。但命運乖舛，連漢文帝都為他打抱不平地說：「可惜啊，生不逢時！如果是在高祖（劉邦）的時代，『萬戶侯豈足道哉！』」

李廣最後的結局是「引刀自剄」，他對麾下所說的理由是：「我年少以來，與匈奴遭遇大小七十餘戰，如今有幸追隨大將軍（衛青）與單于（匈奴首領）的部隊作戰，但因大將軍要我的部隊繞行遠路，而我卻迷了路，這豈非天意？如今我已六十餘歲了，不願再面對刀筆之吏！」命運之悖，的確令人扼腕。

14 郭子儀　因子杖責

清・黃宗義《宋元學案》：「克己所以制怒，明理所以治懼。」

引子

郭子儀（公元六九七～七八一年），唐朝大將，是安史之亂中的中流砥柱，撥亂反正，功勳不朽。他是華州鄭縣人（今陝西華縣），以武舉累官至天德軍使兼九原太守。安祿山叛變時，任朔方節度使，在河北擊敗史思明。肅宗（公元七五六～七六二年在位）即位後，任關內河東副元帥，配合回紇兵收復長安、洛陽，因功升任中書令，後又進封汾陽郡王。

代宗時胡將僕固懷恩叛變（公元七六三年），引吐蕃、回紇、党項、羌、渾、奴剌，及山賊任敷、鄭庭、郝德、劉開元等三十餘萬人南下。當時京師震恐，天子下詔親征，但是戰情不利，人情危迫，於是急召郭子儀由河中趕至涇陽屯駐。

郭子儀當時的兵力只有一萬餘人，而各路胡兵已將他重重圍住。在敵眾我寡，情勢危急的情況下，郭子儀鎮靜非常，而且深知回紇與吐蕃相互疑忌，就游說回紇退兵，然後共擊吐蕃。但回紇答覆說僕固懷恩告訴他們天可汗已經駕崩（肅宗死於公元七六二年），郭令公也已棄世，除非親見郭令公，否則不肯相信。

郭子儀於是不顧眾將的勸阻，只帶著數十騎兵，徐徐步入敵陣，脫下頭盔，對著回紇說：「你們還好吧！我們曾經共患難多年，如今怎麼會變得如此呢？」回紇一見郭子儀，都放下武器，下馬齊拜，說：「果然是吾父也。」此事之後回紇果然退兵倒戈，與郭子儀共同擊退吐蕃。

郭子儀驍勇善戰，膽識過人，當然值得肯定，但畢竟這只是武將的當行本色。而郭子儀真正的高明處，真正超越史上其他武將的地方，不在於沙場韜略，而在於人生韜略。能夠攻城略地，斬將殺敵，揚威沙場的武將，史不絕書；但功高震主，淪入兔死狗烹下場的，也是不勝枚舉。郭子儀功勳蓋世，望重一時，又能享有高齡，實在是深諳韜略三昧的佼佼者。

故事

唐代宗大曆二年（公元七六七年）二月丙戌日，郭子儀入朝。代宗命元載、王縉、魚朝恩等人供應酒食，舉行宴會，一次宴會竟花費十萬。（《舊唐書》則說是宰相元載、王縉、僕射裴冕、京兆尹黎幹、宦官魚朝恩共出錢三十萬，在郭子儀府第舉行宴會，魚朝恩又另出羅錦二百匹為子儀慶功、喝采。）

代宗禮遇子儀，常稱他為「大臣」，而不直呼其名。

郭曖（子儀之子）曾與昇平公主吵架（二人於公元七六五年成婚），郭曖說：「妳仗著妳父親是天子嗎？我父親只是看不起天子之位，所以不想當而已呢！」公主一氣之下，命人駕車急奔入宮，奏報皇帝。

代宗說：「這妳就不懂了，他真是如此。要是他想當天子，天下哪裡是妳們家所有的呢？」安慰一番之後，諭令她回去郭家。

郭子儀一知道此事，就先囚禁郭曖，然後入宮請罪。代宗說：「俗諺說：『不癡不聾，不作家翁。』（當家須裝聾作啞）兒女閨房私語，哪值得理會呢？」

子儀回去之後，杖打郭曖數十下。（《資治通鑑・卷二百二十四・唐紀四十》）

解說

唐代宗可以寬懷大量地將女兒的訴怨界定為「兒女閨房之言」，但對郭子儀而言，即使天子已是親家，也不能不有所顧慮，不能不入朝請罪，不能不囚子杖責，為什麼？

1. 安祿山、僕固懷恩都以武將之身分叛變，郭子儀不能讓代宗再做武將叛變的聯想。

2. 宦官魚朝恩驕橫專權，嫉妒郭子儀，已不只一次詆毀郭子儀有叛亂之虞，所以郭子儀不能也不願留下任何把柄。

3. 兒女親家是私，君臣之義是公；古人可以大義滅親，郭子儀當然不可能因私忘公。

15

鐵木真　南面而唾

毛澤東〈沁園春〉：「江山如此多嬌，引無數英雄競折腰……一代天驕，成吉思汗，只識彎弓射大鵰。」

引子

元太祖（公元一一六二～一二二七年）即成吉思汗，蒙古乞顏部人，名鐵木真，出身貴族。少時其父也速該遭人毒殺，所屬即各處離散，而他則隨寡母度日，屢逢艱險。後投奔克烈部汪罕，輯合亡父舊部，逐漸恢復實力，約在金大定（公元一一六一～一一八九年）末年設立宮帳，稱汗。

公元一一九六年與汪罕聯兵，助金截擊塔塔兒部於斡里札河（今外蒙古烏勒吉河），金授予察兀忽魯圖之官。

一二〇一年，札木合大會諸部，被擁為「古兒汗」，興兵進襲鐵木真。鐵木真求援於汪罕，雙方大戰於闊亦田之野，札木合大敗，從此一蹶不振，而鐵木真則雄踞呼倫貝爾草原，實力大增。

一二〇三年，鐵木真被汪罕發兵襲擊，退至班朱尼河（今呼倫貝爾西南）。不久，襲擊汪罕牙帳，滅克烈部。次年，與乃蠻決戰，滅乃蠻。

一二〇六年於斡難河畔（今鄂嫩河）召開忽里台大會，建蒙古國，即大汗之位，加號「成吉思」。

鐵木真屢戰屢勝，此時已稱霸蒙古草原，氣吞如虎。接著，他對原本入貢的宗主（金國），又會採取什麼樣的行為決策呢？

故事

太祖鐵木真即位後，始有討伐金國之議。原先金國殺了太祖宗親咸補海罕，鐵木真想復仇；剛好金國降俘指稱金章宗完顏璟肆行暴虐，鐵木真於是決定征討，但還不敢輕舉妄動。

到了公元一二一〇年，金國計劃攻擊鐵木真，建立烏沙堡做為基地。鐵木真則派遮別襲殺金國兵員，勢力再向東擴張。

起初鐵木真每年向金國入貢，金國曾派衛王允濟（即衛紹王、金廢帝完顏永濟）在淨州接受貢物。但鐵木真見了允濟並不跪拜，允濟回去之後，就想請朝廷派兵來攻。

不久，剛好金章宗駕崩，允濟繼位，下詔給鐵木真，並傳話要鐵木真跪拜受詔。

鐵木真問金使說：「新任國君是誰？」

金使說：「衛王。」

鐵木真聽了，就「南面而唾」，罵道：「我以為中原皇帝是天上人在做的，沒想到這種昏庸懦弱的人也當得上國君，我又何必跪拜呢？」說完就騎馬離開了。

金使回報之後，允濟更是憤怒，想等待鐵木真再次入貢時，予以殺害。鐵木真知悉之後，就與金國斷絕往來，並嚴加防備。（《元史．太祖本紀》）

解說

鐵木真「南面而唾」，是集鄙夷與敵視為一的肢體信息，他吐唾的對象不只是金使，不只是金廢帝，而是蒙古草原以南的中原，所以採用面向南方的肢體方位。

鐵木真草原爭霸之後，叱吒風雲，睥睨一時；他不是初生之犢，而是甫出閘門的猛虎。《元史》說他「深沉有大略，用兵如神」，如果元朝霸權的權力機制是鐵木真的化身或延伸，那麼鐵馬金戈，彎弓欲射的是蒼穹的大鵰，而不只是業已沾染漢族頹腐習性，而且氣數殆盡，勢同病兔的金國而已。

事實上，鐵木真嗣後的行為決策，就是最佳的證明：

一二〇九年，入侵西夏，迫使西夏獻女請和。

一二一一年，率軍南下攻金，兵分三路，擊破華北各地。

一二一四年，因金帝獻公主請和，退兵。

一二一五年，以金帝遷都南京（今河南開封）為藉口，攻佔中都（今北京）。

一二一七年，以攻金之事交付木華黎，返回蒙古草原，準備西征。

一二一九年，率二十萬騎遠征花剌子模。

一二二六年，攻西夏，次年滅夏。

一二二七年秋七月，臨死之前對左右說：「金國精兵在潼關，南有連山，北有大河，難以立即攻破。如果借道於宋，因宋、金是世仇，宋必能答應；那麼我兵直下唐、鄧（河南唐縣、南陽），攻取大粱（今河南開封）。金國危急之時，必然徵用潼關兵馬，但是數萬兵馬，千里赴援，人馬疲敝之下，即使趕到也無法作戰，屆時必敗無疑。」事後蒙古攻取金國的決策，與他的遺言如出一轍。

被鐵木真視為昏庸懦弱的衛王，早在一二一三年就被臣下胡沙虎所弒，更可以證明鐵木真確有獨到的眼光。

16

曹操　剪髮自刑

蘇軾〈乞校正陸贄奏議上進劄子〉：「罪己以收人心，改過以應天道。」

引子

頭顱是人身最重要的部位，而頭髮長在頭顱上，頭顱的崇高性也會自然地延伸到頭髮上。因此頭髮可以表現文化差異、意識形態、個人尊嚴、儀態美感。

孔子曾頌揚管仲「尊王攘夷」的仁德，認為如果不是管仲的話，他將「被髮左衽」，淪為胡人了。

明末，清兵大舉南下，江南一帶盛傳「留頭不留髮，留髮不留頭」的傳言，使得人心大起恐慌。原來滿洲人「薙髮結辮」（剃去四周之頭髮，只留一撮，結紮成辮），與原本留髮的漢人大相逕庭，當然會掀起一場護髮之爭。

俗世之人多半留髮，而佛教的比丘、比丘尼在出家之前必經一場莊嚴、隆重的剃度儀式，才將一頭煩惱絲剃除淨盡。這完全是基於意識形態而來的舉動。

而髮型與身分地位、儀態觀瞻的關係更是密不可分，「黃髮」、「二毛」當然是老人，「垂髫」、「總角」則是孩童。而女性為悅己者容，爭奇鬥妍，其髮型之變化多端，如螺髻、墮馬髻、椎髻、雲髻、飛天髻、九環髻、靈蛇髻、峨髻、拋家髻、雙鬟望仙髻……等，根本不勝枚舉。

頭髮是如此的重要，誰會無故加以剪除？

晉人陶侃（公元二五九～三三四年）的母親湛氏，倒是留下了一段流芳千古的剪髮佳話。

陶母湛氏，豫章新淦人，以妾的身分嫁給陶丹，生了陶侃，家道清寒。有次鄱陽的孝廉范逵（後曾任會稽太守）留宿陶侃家中，當時下著大雪，湛氏抽取自己睡臥所用的新草墊，剁碎之後餵了范逵的馬。而且又偷偷地剪斷長髮賣給鄰居（想必是鄰居缺假髮），然後換取食物，招待范逵。後來范逵知道了，嘆息地說：「非此母不能生此子。」

陶母剪髮，是一項甜蜜的犧牲，一段頭髮換來兒子的成材，也換來千古的懿芳。

而歷史梟雄曹操也曾剪髮。

曹操（公元一五五～二二〇年）即魏武帝，字孟德，小名阿瞞，譙（今安徽亳縣）人。東漢末年，在鎮壓黃巾賊時，逐步擴充勢力。建安元年（公元一九六年），迎獻帝立都於許（今河南許昌縣），挾天子以令諸侯，先後削平呂布、袁紹，統一北方。建安十三年（公元二〇八年），進位丞相，率軍南下，被孫權、劉備聯軍擊敗於赤壁。

他唯才是用，打破世族門第觀念，抑制豪強，加強集權，崇尚刑名，主張法治，精兵法，擅謀略，能詩歌，是允文允武的豪傑。

到底他是英雄、奸雄、梟雄，我們姑且不論。但可以確定的是，他精通謀略，詭計多端；往往一舉手，一投足，一開口就別有用意。那麼他到底為什麼要剪髮呢？

故事

曹操有次帶兵外出，行經一片麥田，他下令說：「士卒不可損害麥子，犯者死罪。」

騎士只好都下馬，扶著麥子小心前進。這時曹操的馬卻突然躍入麥田之中。

曹操於是下令，要主管法令的官員議罪，官員回答說：「春秋之義，罰不及於尊（主帥、元首）。」

曹操說：「自己制訂法令卻又觸犯它，哪有資格率領部下？但我是軍中主帥，不能自殺，讓

我自刑吧！」說著，就拔起劍，割斷頭髮，丟在地上。（《三國志・魏書・武帝紀》裴注引《曹瞞傳》）

解說

故事的前半描述的是愛民的曹操，後半描述的是知法的曹操，而文外之意則在凸顯詭譎的曹操，為什麼？

《曹瞞傳》中有一段原文是「騎士皆下馬，付麥以相持，於是太祖（曹操）馬騰入麥中」，文中「於是」二字大有蹊蹺，除非文字訛誤，否則可以看作是曹操故意縱馬入田。既然是故意的，那麼「知法」、「愛民」的表現，就不是出於本性的流露，而是理智刻意經營的謀略。而謀略的焦點就在於「剪髮自刑」。

「自刑」的舉止，就心理學的觀點來說，是為了求得心理上的平衡。天主教神父在夜半獨處時，有脫衣、自我鞭笞的舉動，其中部分原因是為自己偶生的不當念頭求贖於天主，平衡於己心。

相傳商湯之時，發生連年大旱，商湯於是割頭髮、剪指中自刑，下罪己詔，祝禱於天地鬼神。其動機也在求得天下人心的平衡，自己內心的平衡。

而曹操自刑，既是出於謀略，當然不是為了求得自己內心的平衡，而是為了謀求部卒內心的平衡，然後遂行嚴刑峻罰的軍中法令。

17

劉備　聞雷失箸

《說苑・反質》：「有機智之巧，必有機智之敗。」

引子

人在學習如何說話時，同時也學會了撒謊；在學習生活技能時，同時也學會了偽裝。

人人都會偽裝，所以心理學家說人人都有「人格面具」。人人都需要因應外在的環境，要保護自己，要提昇自我，要釣取獵物，所以要調整自我，心理學家說這是「知覺行為的修飾性」，事實上就是不同程度的「偽裝」。

魏武帝曹操擅長偽裝。有次帶兵外出，迷失路途，三軍久未飲水，都覺得口渴。他撒謊說道：「前面不遠處有一大片梅林，梅子甚多，酸酸甜甜的，可以解渴。」士卒一聽，頓時流出口

水。暫時解渴之後，終於支撐到下一個水源。（《世說新語・假譎篇》）

這是自利利人的偽裝。

《世說新語・假譎篇》又提到一個故事。王文度有個弟弟叫阿智（王處之），個性桀驁不馴，年紀老大不小了，卻沒人敢與他成親。而孫綽有個女兒（字阿恆），也是頑劣不堪，嫁不出去。孫綽就去拜訪阿智，見面之後，虛偽地說：「不錯啊！實在不像外傳的那樣，為什麼到現在還未成家呢？我有個女兒，也還好；可惜我只是一介寒士，想讓阿智娶她，卻覺得不好與您商量呢！」王文度聽了十分高興。後來雙方果然成親，但成親之後才發現女方之頑劣，實在不輸阿智。

反正是王八對綠豆，也是門當戶對，無傷大雅。

東晉時蘇峻作亂（公元三二八年），庾冰身為吳郡主管，在民吏皆逃的情況下，單身逃亡。幸好有位郡卒以小船載著庾冰逃到錢塘江口，然後用粗竹席將庾冰覆蓋住。當時蘇峻懸賞追捕庾冰，在庾冰治下的地區嚴密搜檢。郡卒就暫時擱下船隻，到市集上買醉而回，然後亂舞著船槳，指著船隻，對來往搜巡的士卒說：「你們要到那裡找庾冰啊？他在這裡呢！」庾冰在船上極度恐慌，卻一點兒也不敢妄動。士卒的帶隊官看船隻又小又窄，認為郡卒酒醉抓狂，就不再懷疑，任由郡卒將船隻划到浙江。（《世說新語・任誕篇》）

這倒是「偽裝」的高境界，因為他說的是真話，卻讓人誤以為虛假；使最危險的地方，變成最安全的所在。

前文曾提及曹操，他是「治世之能臣，亂世之姦雄」，足智多謀，以下就是一段他與劉備過招的故事。這次是劉備偽裝，而曹操是否能識破呢？

故事

原先呂布曾出兵擊敗小沛的劉備，劉備就投靠曹操；曹操對他極為禮遇，出則同車，坐則同席。

有次獻帝之舅董承（董承是獻帝祖母董太后的姪子）奉獻帝之密詔，要誅殺曹操。董承剛與劉備接觸，但只做了初步協商，未有決定性的結果。

曹操宴請劉備，席間暢論天下情勢，列舉各路英雄。曹操從容地對劉備說：「現今天下的英雄，只有劉使君與我曹操而已，袁本初（紹）這些人根本不算什麼！」

劉備正在進食，聽了這話，又恰巧傳來一聲巨雷，手上的筷子、湯匙一起掉落地面。他隨即掩飾性地說道：「聖人曾說『有迅雷烈風，天候必變』（《論語．鄉黨篇》），實在有道理，巨雷一震，威力竟然如此驚人。」

劉備離席之後不久，董承及長水校尉种輯、將軍吳子蘭、王子服等同謀，想誅殺曹操。但計畫尚未發動就被發覺，董承等人被殺，劉備則奔回小沛。（《三國志・蜀書・先主傳》及《華陽國志・卷六》）

解說

這段歷史公案，《三國演義》以曹操「煮酒論英雄」試探劉備，而以劉備「聞雷失箸」瞞過曹操來處理。其實已與《三國志》所載史實不同，內情大可商榷。

曹操之智能謀略比起諸葛亮，或許只在伯仲之間，但卻遠高於劉備。何況「聞雷失箸」的肢體動作和相關的應對，漏洞甚多，心懷叵測、智謀深邃的曹操怎麼可能被瞞過呢？

劉備的拙劣處至少有下列幾點：

1. 曹操既然接受劉備的投靠，甚至出則同車，坐則同席；彼此心中應早就各有打算，劉備何必因曹操論英雄而驚慌？所以劉備的故作驚慌，是怕與董承的密謀被發覺。
2. 劉備故作驚慌，卻是欲蓋彌彰；因為一般人都不至於「聞雷失箸」，何況是曹操口中的英雄？

3.「聞雷失箸」，必然是受驚過度，怎麼還能從容地引用聖人之言來掩飾呢？

畢竟史實是最佳的驗證。曹操只是想稍做試探，所以暫時按兵不動，想等待董承、劉備等人串聯之後，事證確鑿，再一網打盡，如此而已。

所以劉備「聞雷失箸」是失敗的肢體謀略。

18 晉宮人　插竹灑鹽

范曄《後漢書・皇后紀》：「妖幸，毀國之符；外姻，亂邦之跡。」

引子

人性是複雜的，行為目標是多層級的；人可以為道德、藝術而自我昇華；也可以為財色、權力而你爭我奪。所以就人的劣根性而言，尤其是就擁有生殺大權且權力又已使他腐化至極的帝王而言，一部歷史，簡直就是一部掠奪史、變態史、虐待史、淫穢史。

商朝紂王「以酒為池，懸肉為林，使男女裸，相逐其間，為長夜之飲。」（《史記・殷本紀》）

秦始皇「殿觀百四十五，後宮列女萬餘人。」（《三輔舊事》）

漢武帝蓄宮女一萬八千人，自稱：「能三日不食，不能一日無婦人。」（《情史・情豪類》）

十六國時期的後趙國君石虎，是凶暴荒淫的國君，據說曾在鄴中（今河北臨漳縣西）大造宮室，掠奪民間十三歲以上、二十歲以下的女子三萬多人入宮，任其淫樂。（《鄴中記》）

至於前秦苻堅、陳後主叔寶、南朝宋廢帝、南朝齊東昏侯，更是穢亂宮廷，幾乎令人不願聞、不忍睹。

西晉武帝司馬炎（公元二三六～二九〇年）也是一個縱情聲色的國君，他的後宮本來已有眾多美女，公元二七三年還下詔采擇公卿以下家庭的女子以備六宮，並曾下令表示選美之事尚未完成時，禁止天下婚嫁，實在是荒唐。次年，又取良家女及小將、吏之女五千餘人入宮采選。過了八年，在平吳之後，又「詔選孫皓使妾五千人入宮」。算算他的後宮佳麗至少有萬人之多，那麼他平常如何揀選、臨幸呢？

故事

胡貴嬪名芳，父親是胡奮。

泰始九年（公元二七三年），晉武帝大量采擇良家女入宮，他親自挑選，認為美麗的，就在她手臂上繫上紅紗。胡芳入選之後，走下殿階就開始號泣，兩旁的人勸阻她說：「小心陛下聽到。」胡芳說：「死都不怕，哪怕陛下！」後來武帝就派洛陽令司馬肇策立她為貴嬪。

武帝每次問她事情，她都不假修飾，率性而答，但進退應對之間相當文雅。當時武帝有很多內寵，平定東吳之後，又添納孫皓後宮數千人，從此後宮大約有萬人之多。其中他愛寵的人相當多，平時也不知道要找誰，所以時常坐著羊車，任憑羊隻走動，羊車停在那裡，就找那位佳麗。

宮人於是就各顯神通以招徠羊隻，有的是採竹葉插在門上，有的則是將鹽汁潑灑在地上。而胡芳卻最受寵幸，另有專房居住，侍僕及服飾僅僅遜於皇后而已。

有次武帝曾與胡芳賭博取樂，胡芳不小心，傷了武帝的手指。武帝憤怒地說：「這是將種呢！」胡芳回答說：「宣帝曾經北伐公孫（公孫度及其子恭、康世守遼東），西拒諸葛（蜀漢諸葛亮），所以陛下當然是將種。」武帝聞言，頗覺慚愧。（《晉書・后妃上・胡貴嬪》）

解說

面對濫權、腐化、恣意情慾的專制獨裁者，能夠如何呢？本則故事正提供了兩種截然不同，可以彼此對照的模式。

1. 宮人各出奇招，「鹽汁灑地」、「竹葉插戶」這些肢體動作是來自於一個行為目標，即千方百計要製造迎合國君的機會。為了爭取每天少於萬分之一的機會（武元楊皇后善妒，而武帝又專寵數人），向權力中心靠攏，竟然不惜巴結畜牲；足見女權受到極度的壓抑，而人性更是遭受了無尊嚴的扭曲。更可悲的則是人性尊嚴被剝除之後，還要仰首企盼凶手的眷顧、垂憐、恩寵、臨幸。

2. 胡貴嬪的言行，如說她是不迎不拒，依違合度，或許是過度稱譽，但至少可以看做是不得已而為之的典型。

胡貴嬪援引宣帝司馬懿的經歷，或許沒有諷刺武帝的用意（祖父西征北伐，出生入死，孫子竟然只為賭博傷指就發怒），但已顯然可見她在人性自主權被剝奪之後，時時有維護心理平衡的動機。

而胡貴嬪這份骨氣，是來自父親胡奮的家教。胡貴嬪入選之後的反應是號泣，胡奮得知女兒入選的反應，竟然也是嚎哭。

當時楊駿因為女兒貴為皇后而驕傲自得，胡奮卻對他說：「你仗著女兒而更加驕傲嗎？綜觀前代歷史，與皇室結為親家，沒有不滅門的，只是時間早晚罷了。看你的行為表現，剛好會加速遇禍。」真是正直、敢言。

有其父必有其女，果然如此！

19

王敦 擊節碎壺

《孫子·謀攻》：「知彼知己，百戰不殆；不知彼而知己，一勝一負；不知彼，不知己，每戰必敗。」

引子

王敦（公元二六六～三二四年），字處仲，琅邪郡臨沂人。西晉末年支持琅邪王司馬叡移鎮建康（今南京），任揚州刺史、都督征討諸軍事。因鎮壓杜弢起義，升任鎮東大將軍、都督江、揚、荊、湘、交、廣六州諸軍事，握控重兵，屯駐武昌。西晉滅亡時，與堂弟王導等人擁護司馬叡（晉元帝）建立東晉政權，升任大將軍、荊州牧。

永昌元年（公元三二二年），王敦起兵叛變，殺刁協、周顗、戴淵等人，回屯武昌。太寧二年（公元三二四年），晉明帝乘其病危，下詔討伐。王敦則再次進兵建康，但病死於軍中。

王敦生性剛忍強悍，手握重兵，功高震主，早已心存叛逆。但是朝廷對他並未失去防備，為什麼呢？因為在不知不覺之中，王敦在無數次的肢體語言上，早已將謀反意圖表露無遺了。

故事

當時王愷（司馬昭妻弟）、石崇彼此鬥富，豪奢至極。王愷曾經置酒宴客，王敦、王導都在座。有位女伎吹笛助興，只因稍為吹錯調子，便被王愷殺了；座上賓客無不大驚失色，只有王敦泰然自若。又有一次，王愷派美人勸酒，要是有客人未乾杯，就殺了美人。當勸酒勸到了王敦、王導時，王敦堅持不喝，美人花容失色，悲懼萬分，然而王敦仍然冷漠以待。王導平常不能喝酒，但擔心勸酒的美人受罪，就勉強乾杯了。（《世說新語・汰侈篇》將故事中的主人寫作石崇。而當石崇連殺三個美人之後，王導責怪王敦，王敦竟然說：「他殺自家人，關你什麼事？」）王導回去之後，嘆氣說：「處仲如果當權，必因胸懷剛忍，無法善終。」

王敦名望極高，又曾立大功於江左（東晉），專控軍事，手握強兵，左右隨從也都因他而地位顯赫，而且威權日重之後，就想宰制朝廷，有問鼎之心。晉元帝對他十分驚懼厭惡，乃援引劉隗、刁協等人做為心腹。

王敦心中不平，於是嫌隙日深。每每在飲酒之後，就歌詠曹操所作的樂府詩：「老驥伏櫪，志在千里，烈士暮年，壯心不已。」一面唱著，一面用如意敲痰壺打節拍，痰壺邊緣都被敲碎了。

石崇以豪奢誇示於人，家中廁所常有十餘個婢女列隊伺候著，這些婢女都頗有姿色。她們準備好香粉、香水、新衣；賓客如廁之後，就換新衣出來。賓客因羞於脫衣，所以常忍著不如廁，然而王敦脫舊衣，換新衣，卻毫無羞窘之神色。婢女們在他離開之後，彼此談笑，說道：「此公必能作賊。」（《晉書・王敦傳》）

解說

肢體信息有「連續性」、「可靠性」，又有「替代功能」、「表露功能」。

1. 就連續性而言：王敦飲酒，酒後歌詠曹操詩句，手上則是以如意敲打痰壺，這些都是連續不斷的完整情境。
2. 就可靠性而言：石崇婢女說「此公必能作賊」，王敦果然起兵叛變。王導說他「胸懷剛忍，無法善終」，結果在王敦病死之後，他的旁房養子王應（王敦兄長王含之子）祕不發喪，用席子包裹屍體，外面封蠟，埋在辦公室的地下，然後就縱酒淫樂。

3. 就替代功能而言：肢體語言可以替代語言、文字做為表意工具；「美人勸酒，王敦冷漠以對」；「酒後歌詠，擊節碎壺」，都足以替代心中的意向。

4. 就表露功能而言：王導與石崇婢女對王敦的評語，正是對王敦肢體信息的正確解讀。

以謀略的觀點來說，王敦的決策注定失敗，因為他的肢體信息隨時在暴露他的冷漠、剛忍、叛逆。一旦冷漠、剛忍，就無法輯和群眾，收攬人心；一旦叛逆而表態過早，對手當然可以好整以暇地應戰了。

20 李世民　跪吮父乳

《莊子・徐無鬼》：「勿以巧勝人，勿以謀勝人，必以戰勝人。」

引子

唐太宗李世民（公元五九八～六四九年），是唐高祖李淵的次子，隋朝大業十三年（公元六一七年）策動其父起兵反隋，建立唐朝。唐高祖武德九年（公元六二六年）發動玄武門之變，繼立為太子，次年高祖退位，正式登基，改元貞觀，公元六二六年至六四九年在位，世稱貞觀之治。

唐太宗在位二十三年，文治武功盛極一時，締造了自漢以來未有的治平之世。後世對他的評價多半是正面的，如史書稱他「聰明神武」、「聽斷不惑，從善如流」、「繼位之後，勵精求治，屈己從諫，力於為善，知人善任，選任賢才，講求治道，整飭綱紀」。

但是這麼一位英明的國君，竟然發動玄武門之變，弒兄（隱太子李建成）殺弟（齊王李元吉），促使君父退位（李淵退位之後，在貞觀九年過世）。這是出於自衛，還是純粹的宮廷內鬥？

另外，玄武門之變成功後，唐太宗隨即派手下大將尉遲敬德去保護（其實是看管、軟禁）唐高祖。當天，高祖召見太宗，太宗竟然抱著父親，吸吮著父親的乳頭。聰明神武的太宗怎麼突然之間退化到如嬰兒一般？而且對象又是父親而非母親呢？

故事

公元六二六年六月四日，李世民率領長孫無忌等人先行入宮，在玄武門（宮城北門）設下伏兵。李建成、李元吉來到臨湖殿，發覺情形不對，立即扭轉馬頭，打算急奔回府。李世民隨後叫喊著，李元吉張弓引箭射擊李世民，但因倉皇失措，一直拉不滿弓；李世民引弓射向李建成，將他殺死。尉遲敬德隨後帶著七十名騎兵，左右開弓射向李元吉，李元吉落下馬來。李世民的坐騎受驚，竄入樹林，被樹枝絆住，李世民則跌落地面起不了身，這時李元吉突然欺身而至，奪了李世民的弓，想勒死李世民，尉遲敬德騎馬飛馳而來，一邊厲聲喝斥。李元吉急忙奔向武德殿，尉遲敬德從後追趕，將他射死。

高祖李淵正在宮內的海池泛舟，李世民派尉遲敬德入宮保護，尉遲敬德披甲持矛，一直走到李淵面前。高祖大為吃驚，問說：「今天是誰在作亂？你來這裡做什麼？」尉遲敬德說：「秦王（李世民）因為太子（李建成）、齊王（李元吉）作亂，所以出兵將他們殺了。恐怕驚動陛下，因此派我來保護陛下。」高祖對跟前的裴寂等人說：「沒想到今天會發生這種事，怎麼辦呢？」蕭瑀、陳叔達說：「建成、元吉原本就沒有參加起義（反隋立唐），對天下又沒有功勞，所以忌恨秦王功高望重，才會共謀不軌。如今秦王已經將他們誅殺了，秦王功蓋天下，全國歸心，陛下如果冊立他為太子，將國事交付給他，就不再有事了。」高祖說：「好！這是我早就有的心願。」

當時宮中衛隊及秦王府、太子府、齊王府的兵馬尚在鏖戰，尉遲敬德請求高祖頒布命令，讓各路兵馬都接受秦王處置，高祖答應了。天策府司馬宇文士及於是由東上閤門出外宣示高祖的命令，眾人這才平靜了下來。高祖又命黃門侍郎裴矩到東宮（太子府）向將士們宣示，並加以遣散。

接著，高祖召來李世民，摸著他的頭說：「近日以來，幾乎聽信謠言而有曾母投梭之疑惑（曾參之母親聽說曾參殺人，原本不信，但由於傳聞不斷，最後就拋下紡織用的梭而逃走）。」

李世民跪了下來，吸吮著父親的乳頭，號哭、悲慟了很久很久。（《資治通鑑・卷一百九十一・唐紀七》）

解說

李世民因反隋建唐，居功厥偉，聰明蓋世，有志難伸，而且屢受兄弟毒害，當然滿腹委屈；所以兄弟鬩牆的情況遲早會發生，差別只在於何時、何地、誰主動、誰被動而已。

而最令人錯愕、驚嘆的，是李世民竟然以「吸吮父乳」的肢體動作來收拾善後。

李世民是不是有心理上的問題？他的肢體動作是出於潛意識還是出於清醒的意識？關於這一點，我們試著由心理學來作探討。

依據心理分析論的看法，「一切心理疾病的核心，都存在於與戀母情結有關的衝突中。」（佛洛伊德一九〇五年的《性學三論》一書即有此結論）如果以此衡量李世民，這是有可能的，因為：

1. 李世民在諸多兄弟之中最受生母竇氏的寵愛，但竇氏早死（四十五歲），後來就常受父親李淵的猜疑，更屢遭兄弟的排擠與陷害。

2. 李世民即位後，經過慶善宮時，曾哀號痛哭，說道：「朕出生在這裡，但母后業已永離人世，朕再也不可能回報養育之德了。」戀母之情，由此可見。

3. 李淵召見李世民時，說他有「曾母投梭的疑惑」，可能因此喚起李世民的戀母情結，促使他將此情結投射到父親李淵的乳頭上。

如果李世民的肢體動作反映這樣的潛意識，那麼這項解釋是合理的。既然合理，我們可以做出以下的推論：

1. 李世民退化成依戀母親的嬰兒，李淵即被迫身兼父母的角色；試想父母怎麼忍心棄絕，甚或苛責自己的嬰兒？

2. 李世民的舉止已經將「宮廷內鬥」的情境轉化為「兄弟爭寵」，所以不是國政之大事，而只是家庭之小事。

3. 李淵如果不能順著李世民肢體信息的暗示，將自己化入李世民戀母情結的情境當中，父子相殘的悲劇隨時可能上演。

但是，如果李世民的肢體動作是有意識的行為呢？果真如此，我們只能說它是可怕的權謀。

後記

歷史事件，必然是以「人」為主導的人、事、時、地、物間的交互關係。人主導了歷史事件，思想主導了人類，而思想依據語言來組織與傳遞。那麼，通過語言的多元面向去研究人物的行為決策，將是理解歷史事件有效而可行的方法。本書即基於這項理由，希望藉著《話術面面觀》作為研究歷史人物的切入點。

根據行為學家的統計，人與人之間，面對面談話，雙方所得到的信息，竟然有百分之七十以上是得自於非口頭語言的部分；諸如表情、舉止、情境、工具等，反而佔有較高的傳信功能。

語言具有多元面向，《話術面面觀》一書，將語言信息概分為：口頭語言、情緒語言、情境語言、肢體語言；它既是信息、符號、工具，又是武器、技巧，所以它可以和生活、戰爭、政治、外交、商業、教育、宗教等任何人類的活動相結合。

掌握多元面向的語言信息，就掌握了知識與力量，同時也掌握了致勝的契機。

再以劉邦為例：

劉邦建漢的第四年（公元前二〇三年），淮陰侯韓信討平齊國，派人對漢王劉邦說：「齊國的局勢詭詐多變，是一個反覆無常的地方，而且南邊靠近楚霸王的地盤，如果我不能暫時代理齊王來坐鎮的話，情勢無法穩定下來。所以讓我當代理的齊王比較妥當。」

這個時候，楚霸王的部隊正將漢王劉邦圍困在滎陽。韓信的使者一到，漢王打開信，看到上述的內容，大為震怒，破口大罵：「我被困在這裡，一天到晚巴望著你來救我，而你卻想自立為王！」

張良、陳平看到這種情況，就輕踩漢王劉邦的腳，然後貼近劉邦的耳朵，說道：「我們正處在危急的情況下，怎麼可能禁止韓信稱王？不如順水推舟，藉這個機會冊立他為齊王，好好對待他；否則變亂隨時可能會發生。」

漢王一聽，頓時領悟，隨即見風轉舵，又破口大罵：「大丈夫既然已經平定諸侯，就是真正的王了，何必代理呢？」

說完，就派張良當代表，前往齊國冊封韓信為齊王，然後徵調韓信的部隊去攻打楚霸王。

（《史記・淮陰侯列傳》）

事例中的人物提供了幾種典型的語言信息。

就情境的語言信息來說：

1. 劉邦受困於滎陽。
2. 韓信想自立為齊王。
3. 張良、陳平洞燭事機。
4. 劉邦見風轉舵。

就肢體的語言信息來說：

1. 張良、陳平輕踩劉邦的腳。
2. 張良、陳平貼近劉邦的耳。

就情緒的語言信息來說：

1. 看信之後，大怒。

2.領悟之後，見風轉舵。

就口頭的語言信息來說：

1.劉邦大罵韓信不來救援。

2.劉邦大罵韓信「何必代理」。

以上事例中的各項語言信息，經過縝密、微妙的交互作用，使劉邦作出了前後相反的決策。可見事例中的活動，可以用多元面向的語言信息作切入點，而做出精確的解讀。

本書采輯與解析的標的，即是歷史人物運用語言信息的模式與韜略。古人運用語言信息，就歷史事例發生的場合或動機而言，有的是預謀的，有的則是隨機的；就對象而言，則必然是針對某事，應對某人；就其作用而言，不外是攻防、外交、說解、保全；就其表現而言，則或機智、或精鍊、或詼諧、或詭譎，確實足以表現部分人類極其精微、真切、深刻的本性與智慧。

戲法人人會變，各有巧妙不同，任何組織或個人所能擁有的資源都是有限的，在行為目標確立之後，面對激烈競爭的環境，甚至是生死存亡的關頭，必須盱衡全局，分辨輕重緩急，然後順時利用，依人設事，因地制宜，藉物使力。所以，不論是隨機的心理反射或處心積慮的情境設計，語言信息必然伴隨著「行為決策」，在行為目標之下，對人、事、時、地、物做綜合的運用。

本書提供生動性的故事，如〈李世民／跪吮父乳〉的詭異行徑、〈劉邦／傷胸摸腳〉的臨場機智、〈句踐／式禮怒蛙〉的情境轉移……等，或聳人聽聞，或引人納悶，或令人發噱，其趣味性都令人嘆為觀止。

本書也希望提供實用性的典型，如〈陳子昂／故布疑陣〉的事例，可以提供自我行銷的另類思考；〈廉頗／肉袒負荊〉的事例，可以提供企業組織或個人修正決策的參考；〈周勃／左袒護劉〉的事例，可以提供企業識別系統的聯想；「趙高／指鹿為馬」的事例，則可以做為企業行銷失敗的借鏡；〈甘羅／穿梭取利〉的事例，可以提供企業組織縱橫捭闔以尋求利基的範例；〈晉文公／解驂投璧〉的事例，則可以做為領導統御的提示……。

此外，當語言信息與行為決策結合的同時，所運用的韜略固然只有成敗之別；但就處世的觀點而言，行為決策卻有善惡之分。本書的採樣，則是成敗並蓄，善惡兼收，或許可以使人以史為鑑，以人為鑑，略盡「褒善貶惡」的薄意。

國家圖書館出版品預行編目資料

話術面面觀：80則歷史人物的語言技巧大解讀 / 陳
正榮作. -- 初版. -- 臺北市：遠流, 2011.01
面；　公分

ISBN 978-957-32-6739-3(平裝)

1.說話藝術 2.口才 3.溝通技巧 4.歷史故事

192.32　　99024675